JN103085

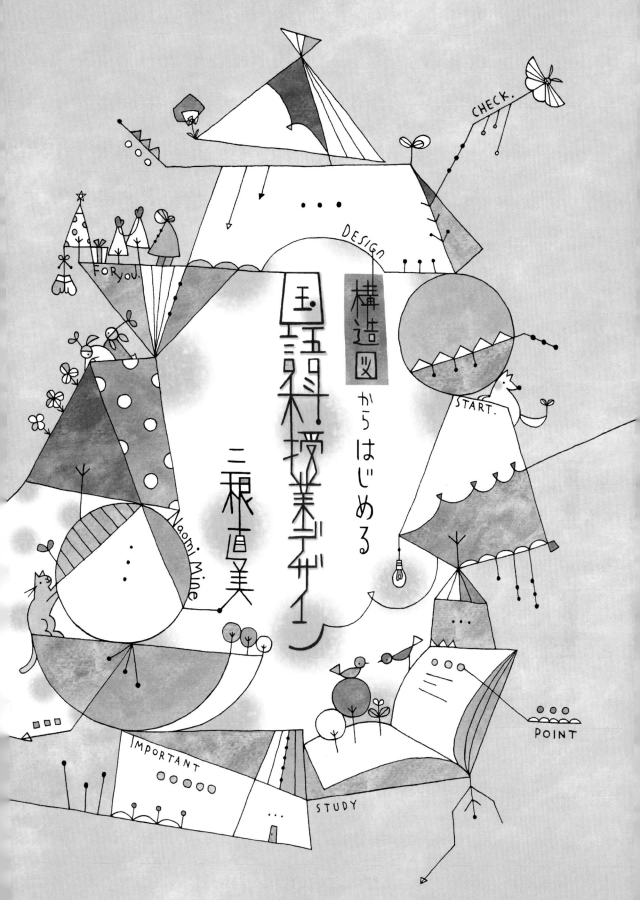

構造図からはじめる

国語科授業デザイン

三根直美

Naomi Mine

DESIGN

CHECK.

FOR YOU.

START.

POINT

IMPORTANT

STUDY

溪水社

はじめに

　教員になって37年目、広島大学附属中・高等学校に着任して34年目を迎えた。高校の教員として採用された私が、中学校の授業を持てたことは非常に大きな転機となった。大学時代に小学校実習を一週間経験した際も、教育の基本はやはり小学校だと感じたものだった。

　附属に着任した当時、授業の準備をするのに家に帰ってから毎日４、５時間はかかっていた。土曜日だけ準備をしなくていい日と決め、その日が待ち遠しかった。そんな生活が三年間続いた。そこまでしないと授業など何一つできなかったからだ。板書は何度も書き直した。ひどい時には、何十回にもなったことがある。私の授業で褒めていただけたものは、板書であると思っている。構造図からはじめて板書を作り、授業をデザインしていく。私が実践してきた方法を是非これから教師になる人に、今教員として頑張っている方に伝えたい。そんな思いでまとめたものが、本書である。

　最初に、実践してきた方法の概要を説明し、その後、具体的に中・高の定番教材や特徴のある教材について、実際の授業デザインを示している。必要なところから見ていただき、是非、日頃の授業の参考にしていただければ幸いである。

凡例

ウォルト・ディズニーの表記について
岩波新書による場合は、「ウォルト・ディズニー」、
学校図書の教科書表記による場合は、「ウォルト＝ディズニー」
とした。

「構造図からはじめる国語科授業デザイン」

目　次

構造図からはじめる国語科授業デザイン

1　構造図からはじめる国語科授業デザインの方法

❶授業構想の手順

　授業を構想していく手順として、次の方法を提案したい。教材研究と学習目標が同時進行にあり、その中で全体の構造図を書いてみる。その後、学習目標に合う板書に作り替えていく。【考えること】を考慮していく中で、再び教材研究に戻ったり、板書を修正したりを繰り返し、授業をデザインしていく。

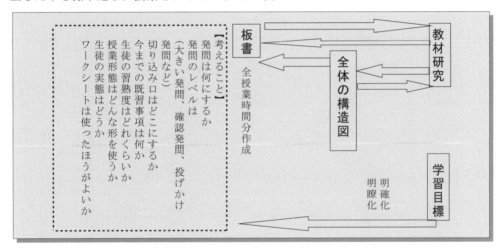

❷具体的な授業デザインの方法

1　まず構造図を作ろう

　　教材研究と平行しながら、まず構造図を作成しよう。指導書などによく載せられている図は「構成図」「展開図」「文章構成図」などと名づけられている。ここで言う「構造図」とは、文章表現（表層の構造）からは見えない文章全体の構造や展開、変化などをまとめたもので、評論文の場合は例えば以下のような形をとる。

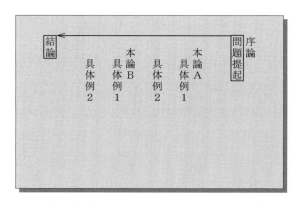

　小説の場合は、登場人物同士のやりとり、それぞれの感情の動き、心情の変化、その原因となったことなどを組み入れた以下のような「構造図」が考えられる。また小説には時間や語りなども書かれているので、そのことを組み入れたものもあるだろう。

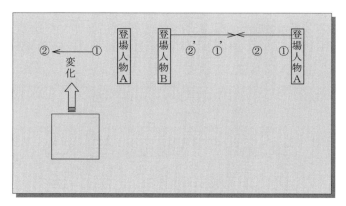

　文章を読んだら、まず上述のような構造図を書いてみよう。書いていく中で、評論文なら論理の構造が、小説なら登場人物同士の関係や心情の変化など深い構造がまとまってくる。

2　教材研究と並行して、教材の持つ特性と生徒の実態から学習目標をまとめていこう

　教材研究は、教材の解説や研究論文、文献に当たるとよい。著者の他の作品を読むのも効果的である。指導書も丁寧に書かれているものが多いので、参考にすべきである。最近は、授業実践例もインターネットで多く検索出来るが、提示されている指導案だけでは授業をどのように具体的に進めるかまではわからないので、あまりお勧めはしない。

　本文を解釈する中で、教材の特質が浮かび上がってくる。それと生徒実態に応じて何が一番つけさせたい力となるかが定まらないといけない。

3　生徒につけさせたい力を中心とした板書に構造図を作り替えよう

　教材の持つ特性と生徒につけさせたい力とを鑑みると、板書が決まってくる。強調したい点を中心に形作っていく。例えば語り手の存在が多く出ているものだと、語りという視点で、まとめる時間をとる。語りは、小説を読解していく上で重要な視点となる。

4　発問を考えよう。うまく流れなければ、教材研究に立ち返り、再び板書を見直そう

　切り込み口を何にするか、生徒の実態を考えると一斉授業の形態をとるのか、ワークシートを作った方がよいか、話し合いなどを取り入れたらどうかなど、いろいろと考えながら、最適なものを選ぶのがよい。ただ、安易に話し合わせればいいのではなく、一番必要なのは教員側の読み取りの深さ、教材研究の深さである。そうでないと、生徒の話し合いの深まりや浅さも分からないし、アドバイスも出来ない。また、話し合わせて終わりではなく、教員側はそれをまとめないといけないので、教師の読み取りが十分出来た上での話し合い活動なのである。自分の中で板書が完成しておれば、話し合いのまとめにも板書が応用出来るはずである。

　また、発問も考えられるだけ出しておき、取捨選択するとよい。出来れば時間がない時はカットするなど、発問のレベルをつけておくと臨機応変に対処できる。私は通常1時間の板書は黒板一枚にしている。一つの教材については、所要時間分作っておく。そうしないと時間ごとのつながりがつかないものとなる。また、板書案の下に付箋一枚につき一つ発問を書いて貼り、発問の順番を入れ替えたり、発問のレベルをつけるなどしている。発問を書き出しておくと、発問の多寡、不必要なもの、まとめた方が良いものなどが見極められる。発問の仕方一つで、授業は活性化したり、しなかったりするのだ。

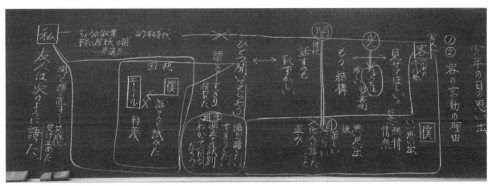

実際の板書　「少年の日の思い出」

2 「形」（菊池 寛）の授業デザイン　[中学3年生]

（東京書籍『新しい国語3』）

❶教材について

　「形」（菊池 寛）は、大正9年（1920）1月2日「大阪毎日新聞」に発表されたものである。書かれてから百年以上経つ作品ではあるが、時代のギャップを感じさせない、一読して鮮烈な印象を与える魅力的な小説である。中学校の教科書では、三省堂や教育出版で採録されている。
　まず、その魅力としては次の4点が指摘できる。

(1)　短編であること
　1600字程度の短編であるため、文章全体に目が配りやすい上、様々なことを考えやすい。これは、小説教材として最適な要素の一つである。森 鷗外「最後の一句」なども教科書に掲載されているが、長文であることが読解する上での支障となる場合がある。

(2)　語られるテーマの重要性
　幼少期から大人にいたるまで、私たちの人生や生き方に大きく関わってくるのが「形」である。特に、我が校の場合、生徒達は受験を経て中学に入学して来るため、「広大附属」というブランドに拘っている現実があることは確かである。
　形に拘り続ける人間、形に翻弄される人間の姿は、いつの時代でも同じである。私たちの周囲にはどんな「形」が存在し、私たちはそれをどう認識し、行動しているのかを知ることは大切な事である。しかし、菊池寛は高みに立って形に翻弄される人間を非難、批判しているのではなく、人間の偽らざる真の姿として認めており、同情している立場で書いているのではないか。

　　わたしたちは人生の表側では、なによりも内容（こころ）が大切だと信じつつ、一方でリッチでカッコいい外見を追い求めている。いかにも、これは矛盾である。ただし、矛盾しているから悪いというのではない。（この矛盾状態こそが人間一般の自然状態であるという意見もあろう）しかと見つめるべき肝要な問題は、このように、いかに人間が矛盾にみちた存在でありながら、このことに無自覚に平然と日常生活（人生の表側）を過ごしているかということである。「形」の中村新兵衛は、猩々緋の服折と唐金の兜という過剰な＜形＞を脱いだとき

──いわば＜裸の王様＞になったとき──、この虚妄の構造に思い至ったのである。という
　　ことはつまり、この小説は＜形＞が大切だとか、＜内容＞の伴わない＜形＞はむなしいとか、
　　あるいは＜内容＞も大切だが＜形＞も大切だとか、そんな結論めいた結論をとおりこして、
　　ここにひとつの問題の所在があることを読者に向かって喚起していることになる。したりげ
　　な解答は用意されていない。[1]

　花田俊典氏の指摘通り、「形」の問題化がテーマだと考えられる。そうした人間の姿
を見つめ、考えていくためにも、教材として適切なテーマだと考えられる。

(3)　表現の巧みさ
　新兵衛の高い評価は、「侍大将」「五畿内、中国に聞こえた大豪の士」「槍中村」「先駆
けしんがり」などの表現からわかる。また「先駆けしんがり」は言葉の指摘だけでなく、
どんな使命を受けた危険な役割か、イメージさせる必要がある。真っ先に敵陣に攻め入
り、かつ最後尾にあって追って迫る敵を防ぐ役目である。どれほど危険を伴う役目であ
るか、想像させる必要がある。
　また、一段落では特に「水際だった（華やかさ）」「輝くばかりの（鮮やかさ）」など
の強調表現、「そのうえ」「また」などの添加、「恐らく……〈だろう〉」という推量の副詞、
助詞〈副助詞〉、「どれほど……分からなかった」の繰り返し、「火のような」「激浪の中
に立ついわおのように」「嵐のように」「戦場の華」などの比喩表現、「敵に対する脅威」「味
方に対する信頼の的」という対比表現と、意識された表現が重ねられている。是非注目
して味合わせたい。

(4)　原典との比較が可能であること
　原典である「常山紀談」は、江戸時代中期に成立した戦国武将の逸話集である。戦い
に勝つ方法が淡々と綴られている。小説と比較すると明確なのは、まず新兵衛が猩々緋
の羽織と唐冠纓全のかぶとを貸した人物は「ある人」で、しぶしぶ貸しているのに対し、
「形」では新兵衛が守役として我が子のように慈しみを持って育ててきた若侍と設定さ
れ、快く貸している。また、猩々緋と唐冠のかぶとを貸してしまった新兵衛が多数の敵
を殺しながら、死んでしまったと書くのに対し、「形」は二、三人突き伏せることをさ
え容易でなく、貸したことを後悔する気持ちが出た後、「槍が脾腹を貫ぬいていた。」と
書かれて終わる。一番の違いは、原典では教訓「敵を殺すの多きをもつて勝つにあらず。
威を輝かして気を奪ひ、勢を撓すのことわりを暁るべし。」と締めくくられる。戦いに
勝つための必勝法が書かれているのは書物の主旨としては当然だが、菊池寛はこれを書
かず、死すら曖昧にしているところに文学たる所以があろう。文学作品を教訓的に読む
傾向にある生徒に対して、原典と明らかな違いがあるこの作品の場合は、比較読みが効

果的である。

❷授業の実際

教　　材
「形」（菊池 寛）「現代の国語　3」東京書籍　平成27年度版
学習目標
1　難語句を調べることを通して、その意味や用法を理解し、読解に活かしていく。
2　叙述を丁寧に押さえることにより、イメージ豊かに作品世界を読みとる。
3　グループで出た意見をまとめ、わかりやすく人に伝えるように資料を作成し、発表する。
4　この作品に描かれた「形」とはどんなものかを考える。

授業展開（全7時間）
1　通読後、感想・疑問を書く。原典「常山紀談」との比較をペア学習で行い、発表する。語句調べは課題。
2　一 二 の読解をする。→【板書①】
3　二 三 の読解をする。→【板書②】【板書③】
4　「作者が伝えたかったことは何か」についてグループで考え、資料にまとめる。
5　資料を見合って、質問カードを書き、相手のグループに渡す。グループ内で質問を整理し、応答を考える。
6　各グループが質問に対して回答していき、まとめる。→【板書④】
7　私たちの生活の中での「形」には、どんなものがあり、自分はそのことに対してどう考えるか、どう対処しているか文章にまとめる。

教材の持つ魅力がそのまま教材研究の中身となる。小説を読んだら最初に構造図を書いてみよう。例えば、一において次のような【構造図の例】があるとする。

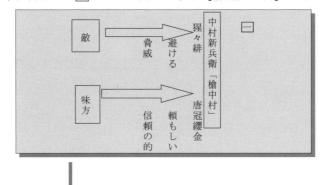

中村新兵衛が皆から「槍中村」と言われ、敵には恐れられ、味方には頼りにされる、戦場において華々しい活躍をみせる人物であることがわかるので、上のような構造図はすぐ作れるはずである。

　さて、これを板書にしていく際に大切なのは、①表現上の工夫と②書かれていないことである。ここで教材研究が関わってくる。一段落は、直喩、「あるか分からなかった」「あったかわからなかった」の繰り返し、「であり」で続ける並列、強調表現等を押さえる必要がある。

　①については、初陣の時の新兵衛を思い描き、最初はたぶん目立つ羽織やかぶとは身に付けていなかったであろうが、いつの頃からか手柄を立て、目立つ羽織やかぶとを身に着け、次第に「槍中村」と言われるまでになっていった過程を確認したい。実はすでにここで「形」が猩々緋と唐冠のかぶとであることを組み入れないといけない。

　先の構造図を授業の展開に合わせた板書にしたものが次のものである。

【板書①】

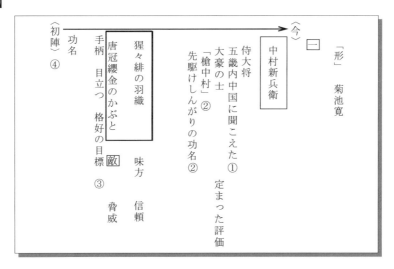

【発問】
①中村新兵衛は高い評価を得ている。それがわかる表現を探せ。
②「槍中村」とは何か。「槍」のイメージ化をする。「先駆けしんがり」とは何をするのか。
③猩々緋の羽織や唐冠纓金のかぶとをなぜ着る、つけるのか。
④新兵衛の初陣の時はどうだったのだろうか、想像する。
⑤定まった評価を得るまでの過程はどうだったことが予想されるか。
⑥一の本文で、表現が工夫されている所を探せ。
■板書内の①〜④は、発問の番号に対応している。

次に二の構造図を考えてみよう。

【構造図の例】

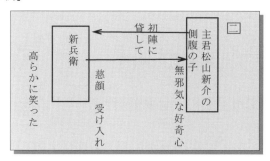

さて、ここで注目すべき点は、新兵衛の高らかな笑いである。2回も繰り返されているところから、その心情を読み取らせる必要がある。心情は黄色チョークで、生徒の答えに合わせて書き入れる。板書中では太字部分になる。さらに、中学校三年生ともなると、文体意識がほしいところであるが、「文体」と言わずに「文章の雰囲気」でもよいだろう。一では、猩々緋の羽織と唐冠のかぶとをかぶった新兵衛の勇姿を第三者の視点で語り手が劇的に表現している。二では、新兵衛自らが猩々緋と唐冠は形であって、自分には肝魂が、気力や実力があるのだとご満悦である内面を描き出す。新兵衛に語り手が近くに寄っている書き方である。そこに気づかせると、深い読みにつながっていく。

【板書②】

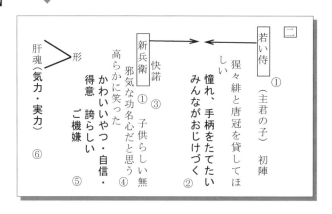

【発問】

①ここで対話しているのは誰と誰。

②松山新介の子は、なぜ新兵衛に猩々緋と唐冠を貸してほしいと頼んだのか。

③新兵衛の返事は。

④なぜ快く貸したのか。

⑤「高らかに笑った」という表現が２回ある。この笑いには新兵衛のどんな思いが表れているか。

⑥肝魂とは、別の言葉で表現すると何であるか。

三の構造図を考えてみよう。

【構造図の例】

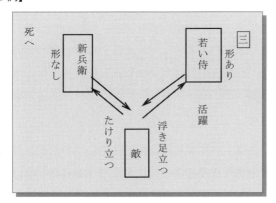

　　ここでのポイントは、形を得た松山新介の子が「猩々緋の武者」と４回も呼ばれていることに気がつかないといけない。若い侍でもなく、松山新介の子でもない。「いつものように」「大きく輪乗りをしたかと思うと、駒の頭を……」「悠々と」から、完全に形を借りて自信をもち、その意識が外に現れていることを示している。

　　一方、中村新兵衛は形がなくなり、「黒革縅の武者」と表現されている。中身が出た新兵衛がはっきりする板書にした。また、ここでは「後悔するような感じ」と表現されており、「後悔した」ではない。その違いから新兵衛の惨めさが少なくなることを導き出す。また、作者が新兵衛に対して同情しており、決して形に拘ったらこんな末路になるという戒めを込めたものではない。

【板書③】

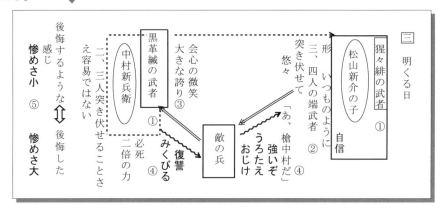

【発問】

①「猩々緋の武者」とは誰か。では、中村新兵衛は何と書かれているか。

②中身は松山新介の子なのに、なぜ周りの者は中村新兵衛だと信じたのか。

③中村新兵衛が二番槍を自分がしようと思ったのはなぜか。

④敵の兵の様子は、なぜ両者でこうも違うのか。

⑤「後悔するような感じ」と「後悔した」の違いは。

　「作者が伝えたかったことは何か」というテーマについてのグループ発表をまとめたものが次の板書である。

【板書④】

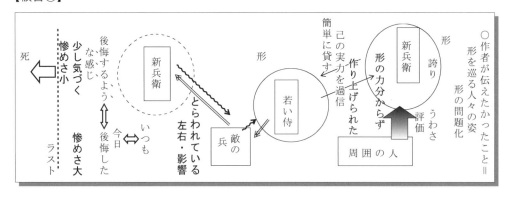

❸生徒の受け取り方

(1) 初発の感想・疑問の分析

　2007年（平成19年）のデータは、本校の別の先生が広大附属中学校３年生一クラスに取ったもので、各自で通読後、感想・気づき・疑問・みんなで一緒に考えたいことを簡単にメモさせている。データは29人分ある。疑問点が多くあげられていて、感想は以下の通りである。〈　〉内の数が同じ意見の人数で、ないものは一人。

■新兵衛の負け・死について
　かわいそう〈２〉　　うかつだ
■形について
　形によって物事の勝手が変わってくるということがよくわかった
　形の方が自分より力があった気がする
　格好が強さのもとだったのか
　人からのイメージの積み重ねは大切だと思う
　人は外見やその人の印象でずいぶんと態度が変わる
■教訓として捉えている
　気持ちで勝つことが大事〈２〉　　ものの本質を形で判断してはいけない
　見た目にだまされるな　　自分の力を過信するな〈２〉
　人は見かけが９割〈３〉
　何か起こるか分からないので、十分に用意をして敵をみくびってはならない
　話の中身がよく分からなかったり、漢字の多さに抵抗を感じていたりする生徒は２名と、比較的少ない。

2015年（平成27年）
■新兵衛の負け・死について
　かわいそう・哀れ〈３〉　　滑稽だ・自業自得〈２〉
■形について
　実力よりも、気持ちの持ち方によって、人の強さが変わる、振るまい方が変わる〈４〉
　形・イメージの影響力の大きさに驚いた、見た目は大事〈７〉
　身にまとっている形によって自分に対する相手の対応や思いが違ってくる
　人は本質をまず見るのではなく、見かけ、外見によって判断されやすい〈２〉
　戦いでは相手を圧倒させる威勢・気迫がいる〈２〉
　形がなくなるといつもの力は出せない

■教訓として捉えている

油断大敵・万全の体制で物事に臨むべき〈４〉

気持ちの持ち方によって人の強さが変わる

自分と同じ一人の人間なので、何も特別視して押される必要はない

周囲が作った自分の形に陶酔することは、我が身を滅ぼす

■表現

ラストがよいなどストーリーや比喩表現、対比に着目している。〈３〉

話の中身がよく分からなかったとか、漢字の多さ、言葉の難しさに抵抗を感じている生徒は６名と、比較的少ない。

　2007年（平成19年）と2015年（平成27年）の違いはあまりない。やはり新兵衛への同情、非難はあるし、教訓と捉えている生徒も多い。形について抽象的にとらえた感想が多いのも同じである。違いはストーリーや表現に着目している生徒が27年には少しいることである。最初の感想から、表現に着目出来る生徒に是非育てたいものである。

疑問点

●2007年（平成19年）

> ・なぜ新兵衛は自分の形を貸したのか。
> ・若侍が新兵衛の形を借りた理由は。借りて戦っている時に若侍は何を考えていたのだろう。
> ・なぜ新兵衛を見て、敵はひるまなかったのか。
> ・なぜ本来の形でないといきなり弱くなったのか。
> ・後悔した新兵衛を他の人はどう思ったのだろうか。
> ・最後に脇腹を突かれたのは、死をあらわしているのか。タイトルの意味。

●2015年（平成27年）

> ・実話なのか。
> ・新兵衛が若侍に簡単に猩々緋と唐冠を貸した理由は。
> ・若侍が借りた理由。
> ・新兵衛の言葉「念もない」の意味は。
> ・新兵衛の「我らほどの肝魂を持たいではかなわぬことぞ」の意味。〈２〉
> ・若侍のその後は。新兵衛の訃報を聞いた若侍はどう思ったか。
> ・新兵衛が二番槍を合わそうとした理由は。
> ・新兵衛は死んだのか。〈３〉
> ・新兵衛の死後の評価はどうだったのか。

・強かった新兵衛が刺された理由。

・新兵衛には本当に力があったのか。

・題名の意味。作者がこの作品で表したかったものは何か。

　疑問においてもほとんど同じである。違いは19年では、若侍の戦っている際の気持ち、27年では新兵衛の訃報を聞いた時の若侍の気持ち、新兵衛の死後の評価など、小説には書かれていない部分の疑問が出ている点である。書かれていない部分に思いを馳せることは、小説において大切な読みの視点である。

　八年経過していても、「形」という小説に対する生徒の受け取り方は、ほとんど違いはないと判断してよいだろう。わずかながら分からないという生徒もいるが、若干名であり、時間がたったから生徒にとって受け入れにくい小説であるとは考えられない。

⑵　話し合い、発表資料、質問カードの分析とその扱い方

　授業過程の中でグループでの話し合いを組み入れていない場合には、最後に「この小説に描かれている形を『形』から始まる文章で書け」という指示をした。

　挙げられたもの、想定していたものとしては

①形に左右される人々。

②形にこだわり、名を上げようとする人。

③形は内実がなくても、威力を出すことある。

④形と内実は切り離せない。

⑤形を伴わぬ内実は死を招く。

⑥形は周囲がつくるもの。

⑦形の過信は実力を落とす。

である。時間がなくて、生徒から全部は出ず、授業者から出してまとめてしまう傾向が強かった。

　今回は、座席で機械的に分けた８グループ（四～五人）で話し合いをさせた。

　実施クラスでのグループによる話し合いは、理科、英語では協同学習が実施され、話し合いに慣れている土壌があった。実際に、指示すればすぐ机を移動させて話し合いがなされ、指導者が進行を助ける事は必要なかった。ただ、資料のまとめ方については助言をしないと難しいグループがあった。さらに、話し合いの深まりがあまりないまま、出てきた意見が羅列してある資料であったり、結論が、全体をまとめたものではなく一部分のまとめにとどまっていたりするグループもあった。

　発表資料は、B5の用紙にまず作者が伝えたかったことを短くまとめる枠を作り、そ

う考えた根拠を左側に説明するというスタイルを取った。この形式を取った意図として
は、長々と説明されると何が言いたいのかが分かりにくいこと、根拠とすると、なぜそ
う言えるのか、説得するための材料・本文の叙述が具体的に多く出るに違いないと判断
したからだ。また、罫線なども入れず、自由に記述させ、なるべく図式化するようにも
促した。

　実際の資料を次に挙げる。

　1班は、資料を
書く生徒が複数い
たり、授業中に資
料を書けず、時間
がないため自宅で
個人が書いたこと
もあり、まとまら
ないままの資料と
なっている。

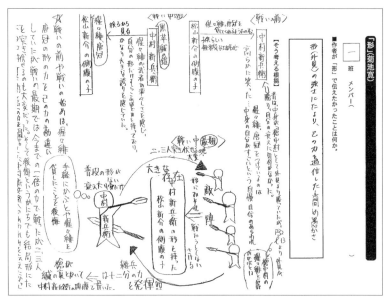

　7班の資料は、
少し図式化がされ
ている。根拠もい
くつか羅列されて
いて、いろいろな
面からの指摘がな
されていることは
素晴らしい。ただ、
羅列した項目同士
の関係については
把握できない部分
が課題であろう。

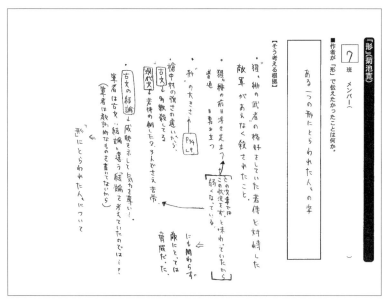

8班の結論は以下の表の通りである。

1	形の強さに頼り、己の力を過信した人間の愚かさ
2	同一の物事に対する捉え方は、その人の立場によって異なる。それを多面的に理解することが必要である。
3	形さえあれば実力がなくてもいい。
4	人や他人を見るときに外見の「形」だけで評価せず、中身をちゃんと見て評価すべき。
5	人は外形によって左右されてしまう。
6	形が人の心を大きく左右すること
7	ある一つの形にとらわれた人々の姿
8	見た目よりそれを見た人は大きく影響される。

　まず、2班と4班は「〜すべき、必要である」という教訓型になっている。また、3班は断定的に言い切っていることと、若侍の立場からだけの捉え方である。5班、6班、8班は同じ意見と考えてよいだろう。7班は、いろいろな人の立場から捉えている。1班は、新兵衛の立場が中心である。

　質問カードの内容を班ごとにまとめた。

1班　　形の強さに頼り、己の力を過信した人間の愚かさ

　「形の強さに頼り」と「己の力を過信した」が矛盾しているのではないかという指摘と、資料の説明後半の言葉「あわれみ」と結論内の「愚かさ」はどちらが班の意見なのかという質問があり、矛盾点が指摘されていた。

2班　　同一の物事に対する捉え方は、その人の立場によって異なる。それを多面的に理解することが必要である。

　「多面的な理解」とはどういう事なのかの説明と、必要であるという言い切りの根拠を聞く質問が多かった。また後の説明の「形の関係性」という言葉が何を指しているのかの質問が出た。

3班　　形さえあれば実力がなくてもいい。

　この班は言い方が断定的であったため、その根拠は何かという点に質問が集中した。回答としては、言い切りすぎたと反省し、若侍よりの言い方になっていたと弁明した。また若侍は実力がないのではなく、形によって自信を得ていつも以上の実力を出して活躍したのではないか、これから先、若侍が形を借りて生き続けることはないのではないかという反論も出ていた。

4班　　人や他人を見るときに外見の「形」だけで評価せず、中身をちゃんと見て評価すべき。

形を自らの力と勘違いしたために新兵衛が死んだのなら、形より中身が大切という結論とは合わないと矛盾が指摘された。また、後半の説明と結論との矛盾も指摘された。

　資料をまとめる際に、よく皆で話し合わないうちに誰かが一人で資料を書き出すとどうしても辻褄が合わないところが出てくる。これは1班も同じであった。

　「すら」という言葉を根拠に挙げていたところ、口頭発表の際に、一段落の最後の一文が主語が「新兵衛」ではなく、「槍中村の猩々緋と唐冠のかぶと」となっている点に注目し、新兵衛という一人の人物を描くのではなく、その形にこだわっていることを指摘していたが、大変評価されるよい気づきだと思われた。

5班　　人は外形によって左右されてしまう。

　説明部分の「影響されている、されていない」とあるが何にかという質問があった。外形とは何かという質問もあった。

6班　　形が人の心を大きく左右すること

　人の心には、「形」を得た人を見ている人の心とその「形」を得た人の心が入るという確認の質問がされていた。

7班　　ある一つの形にとらわれた人々の姿

　「ある一つの形にとらわれた人」とは誰をさすのかという質問が出た。

8班　　見た目よりそれを見た人は大きく影響される。

　新兵衛の死は作者にとっては取り立てて書くべきことではなかったのだという意見が出た。

　結局、質問がいくつか寄せられた為、それに対する回答を考える中で、自分たちの考えの矛盾点や不十分な点が明確に認識された。その上での話し合いは質問を受けてから考える時間を設けたことで、どの班も資料をまとめた時よりもかなり深化した読みになっていた。通常では発表した直後に質問を受けて答える展開が多いだろうが、中学生の場合、その場ですぐに質問や意見、感想は出しにくい上に、質問するには考える時間もいる。そのため、下のような質問カードに書き込み、班に渡して、準備してから答えるパターンは効果的な方法であると考えられる。

質問カード　　　（　　　　　　　）から（　　　　　　　）さんへ

今までの授業においても、発表前に質問カードを書き入れるという実践をしたが、資料をただ読み上げるだけの発表より、質問カードの回答を組み入れながら、班の意見を発表する方が、発表する内容が濃くなり、ただの棒読みではない、生きた発表になった。また、聴衆側も時間をかけて資料を見るので、落ち着いて内容を確認することができる。曖昧な捉え方をしていると、そのまま文章の端々に出てしまい、質問カードで矛盾点をつかれることとなり、話し合いの深め方についての反省ともなったようである。

⑶　現代社会とのつながり

「形」の学習後、社会にある「形」について400字詰め原稿用紙に書かせた作文に挙がっていたものは、次の通りである。

> 年齢、学歴・学校名〈8〉、役職や肩書き〈7〉、外見や見た目（容姿、肌の色、メイク、男女の性差、服装）、世襲制度、部活、名前、会社のグループ名、親や一族、著名であること、ブランド、食品サンプルや広告

部活の試合での経験や自身の現実である「広大附属」という学校名が出てくるなど中学生らしい一方、一般社会での学歴、肩書き、ブランド、人種差別、男女差別などの問題にまで発展して考えられている生徒も多くいた。

❹成果と課題

■話し合い活動の導入とそのテーマ

グループでの話し合い活動は、文学作品においては特に必要である。「作者が伝えたかったこと」という大きなテーマであればなおさらのこと、話し合う中でいろいろな意見が出てくるはずである。「形」ではいろいろな形の姿が出ていて、各グループの意見がすべて活かせたことが利点へと働いた。教材の特質もあろうが、あまりテーマが一つに固定されてしまっては意見の相違がみられない。少しずつ違う意見が出る上、それをまとめていけば抽象化できる。「形」は話し合いに向いている作品である。

また、話し合って資料にまとめていく中で、どうすれば言いたいことが伝わるのか、その議論も必要である。一人で意見を書いているだけだと出てこないことが話し合いでは出てくる。話している間に浮かんでくるし、まとまってくる。

また質問カードでのやり取りも、さらなる検討に効果的である。資料の矛盾点をつく質問も多くあり、咄嗟の発表ではなかなか指摘できない点が上げられる。発表資料の不十分さが指摘されると、そのことをどう弁明するか、かなり議論がされていた。本当は、質問者がさらに意見を言う場面がほしいところである。

■表現の特徴に迫る

　文学作品の表現について、授業の中では目が届きにくいのだが、今回は、「楢中村の猩々緋と唐冠のかぶとは、戦場の華であり、敵に対する脅威であり、味方にとっては信頼の的であった。」という、主語が新兵衛ではない部分や、「自分の形だけすら、これほどの力を……」「いつもとは」「いつもは」「今日は」「二、三人突き伏せることさえ、容易ではなかった。……ともすれば、……平素の二倍もの力をさえふるった。が、彼はともすれば……」などの繰り返し、副助詞、対比表現も発表の中で押さえていくことができた。

　「後悔するような感じ」と「後悔した」との違い、「貫いていた」と「貫いた」の違いなどが合わせて押さえられたら、さらに作者の思いに迫れるだろう。

引用文献
１）花田俊典,「菊池寛『形』鑑賞——松本清張の講演を援用しつつ——」,九州大学日本語文学会『九大日文』編集委員会『九大日文』２，2003年，p97.

3 「技術が道徳を代行するとき」（池内 了）の授業デザイン [高等学校1年生]

（東京書籍『現代の国語』）

❶教材について

　池内 了氏は、宇宙物理学者として活躍する他、最近は原発など科学・技術に関する事故や大きな問題になったことに対して積極的な発言をされている。中学校の教科書にも以前「『新しい博物学』の時代」が取り上げられていた。是非氏の文章には触れて欲しいものである。

　「技術が道徳を代行するとき」は、「現代の国語」（東京書籍）に所収されている。「国語総合」の時から採用されていた。『科学の落とし穴』（晶文社・2009年）が出典である。本文の最初に出てくる愛知万博は2005年3月〜9月の開催で、この文章は2005年12月5日の「中日新聞」連載の「時のおもり」に載せられた文章である。書かれてから既に17年が経とうとしているが、現状は筆者の危惧する傾向がさらに強まっていると言えるだろう。

　また余談ではあるが、池内 了氏には令和3年に本校で高校生を対象に講演していただいた。また文中に出てくる後藤弘志氏は現在広島大学大学院文学研究科教授である。広島県立観音高等学校卒、広島大学、同大学院卒であり、さらに広島大学附属高等学校の非常勤講師も1986年にされていた。何か縁を感じる教材である。

❷構造図から板書へ

　全文を読んでから、まず構造図を書いてみよう。できるだけ簡潔に、文章構成を意識していくと、次のようなものが考えられる。

【構造図の例】

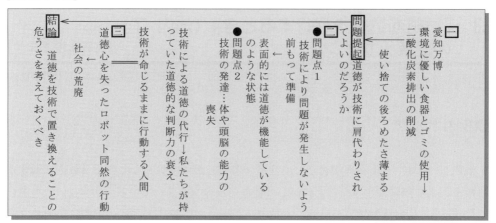

これを今度は授業で使う板書にするためには、この授業の主眼となる学習目標が強調される必要がある。この文章の場合は、問題提起がされて結論で結ぶ評論文の典型であるのに加えて、

①逆接の接続詞が多く使われている。②具体例が効果的に配置されている。

の二つが特徴である。そこで、学習目標は、

①評論文の特徴である、接続詞の使い方と具体例のあげ方を学ぶ。

②筆者のものの考え方に触れ、社会の事象について自分で考えて文章にする、と設定した。特に具体例は通常補助的なものと軽視されがちだが、この文章の場合、体や頭脳の能力の喪失だけでなく、もっと進めば道徳的な判断力が失われることを危惧し、そのことを啓発する役割を担っているので、その部分を強調した授業展開にしてみた。以下が、1時間めの板書と発問である。

【板書①】

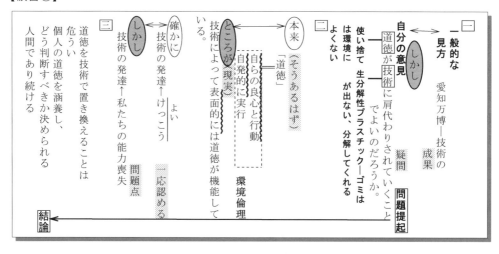

「しかし」には、一般的な見方をあげてそれを否定する形で持論を展開する役割がある。最初の「しかし」がそうである。「ところが」には前段階にそうあるはずの「道徳」が挙げられ、現実はそうではないと書かれている。三つ目の「しかし」は、技術の発達を「けっこうなことと言うべきかもしれない」と言い、一応は認めながらも、その問題点を言うために使われている。

　その流れを中心に授業を展開する。

【発問】
①評論文の基本の構造は何か。問題提起と結論を探せ。
②評論文を読む際に大切な接続詞は何か。「しかし」「ところが」がなぜ大切なのか。
③「しかし」の前に書かれていることは何で、後に書かれていることは何か。
④「ところが」の前に書かれていることは何で、後に書かれていることは何か。
⑤「しかし」の前に書かれていることは何で、後に書かれていることは何か。

　　次は、2時間めの板書である。
【板書②】

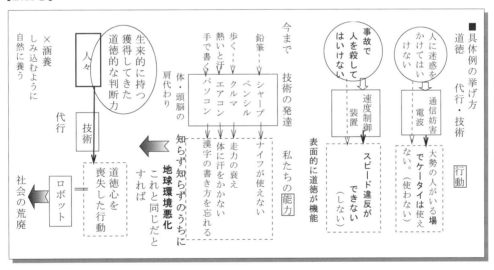

　板書②は、具体例の挙げ方を中心にまとめたものである。本来技術を開発した人は道徳心から発明したのだが、それを使う人は行動が道徳心からの発動ではなく、ただ単に表面上は道徳が機能している行動をとられる。それを表しているのが線の違いである。⇩が開発者の流れ、↓は技術を使う人々の流れ、└┄┘は人々の行動や状態、□は技術、◯は道徳心を表している。

　この構図でいくと、道徳心を喪失した行動しかとらなくなる、つまり「ロボット同然」な人々が横行する社会を筆者は危惧していることが分かる。技術により、私たちの能力

ははてしなく伸びている。しかしそのために失われるものがあることにはあまり気がつかないし、たいしたこととは思っていない。筆者はクルマやエアコンについては、「走力が衰え」「体が汗をかかなくなった」といった体への変化しかここでは述べていないが、文中にも出てくる「地球環境」を悪化させていることにも触れてよいだろう。地球環境の荒廃のみならず、道徳心のなくなった精神的に荒廃した社会は、考えるだけでも恐ろしい。

　私なら、通信妨害電波の例と、クルマ、エアコンなどの例の違いを聞く。行動か、能力かの違いである。能力の喪失も恐ろしいが、「ただ技術が命じるままに行動しているだけ」になる方がより恐ろしい。その危機感が感じられる具体例となっている。是非授業で強調したい点である。

【発問】
①具体例に着目すると、通信妨害装置、速度制御装置は何を言うための例としてあがっているのか。
②シャープペンシル、クルマ、エアコン、パソコンの例は何を言うためのものか。
③両者の例の違いは何か。
④実際にこんな技術によって道徳心が失われていると思うものを探してくる。（宿題）

　3時間目は、以下の【ワークシート】を渡し、グループで技術が道徳を代行している例を考えさせ、発表させる。板書して確認した後、各自の考えを書く。それらをまとめたものが、次の資料である。

【ワークシート】

「技術が道徳を代行するとき」
（池内了）

○技術が道徳を代行している例

○それをどう回避し、改善し、解消したらよいと考えるか。

【資料】

○ 技術が道徳を代行することをどう回避し、改善し、解消したらよいか。

① 技術が道徳を肩代わりする前の本来の理由を知る、思い出すこと。幼い頃から本来の理由を教える必要がある。学校教育だけでなく、各家庭での教育が大事。本来の理由を動画、授業、テレビなど様々なツールを通して、間違った意識を持っている人たちの意識に少しでも変化を与えること。

② 人間が本来あるべき抑止力を使って自己を制限することで、技術による道徳の代行を抑えることができる。可能な範囲で多くの失敗をし、経験によって自己を制限する能力を身につけるべきだ。

③ 一人一人がなぜこの技術があるのかという根本的な理由を常に考えるようにすべき。なぜ道徳心が失われるかという理由は、人々が本来の理由を考えなくても不自由なく生活出来ている点にある。

④ 防犯カメラの設置場所は人通りの少ない場所だけにするなどの工夫を凝らすこと。

⑤ 技術が道徳を代行しているという事実を自覚し、段階的に少しずつその技術から脱却する。道徳がある根っこの理由を理解すれば、きっと技術が道徳を代行する必要などなくなる。

⑥ これまで技術によって忘れていた道徳を知ることから始めていくべきだ。それを知るためには新たな視点を持ってこれからを見詰めていくことが大切だ。

⑦ 技術が担う部分をこれ以上増やさず、人々の道徳への関心を守ることに一度注力してみてはどうか。

⑧ 技術の活用と道徳心の尊重を平行して行うために、"技術"を私たちの生活を守るための「目的」ではなく「手段」として扱うということが大切なのではないか。具体的には、例えば携帯利用制限であれば「制限がかからないようにするために行動する」のではなく、「自分の時間を使いすぎないために、制限の力を利用する」という考えの変化である。この変化を起こすためには、「すべての手段・技術の裏には道徳が存在する」「他者」への意識が必要となる。

⑨ 私たちは技術をいわば保険として見るのが妥当だ。こういった技術は万が一のためであって雑に扱ってはいけないと明記する等の改善をした方がよい。

⑩ 人としてやってはいけないこと、きまりなど道徳を理解してその上で人々が安全に暮らしていけるために技術が道徳を代行しているということを知っておく必要がある。

⑪ 自己管理ができるようにする。技術から離れることができるものは一旦離れて、自分の目的やなぜこの技術があるのかということを考え、技術をなるべく使わないようにするとよい。

⑫ 道徳的な目的をもっと明確にして、技術のシステムが働くと同時に道徳に注意喚起をすればいい。また、一人一人がこういった技術をすべて使うのではなく、自分に必要なものだけを使うようにする。技術を使うことによってどんな効果があってどんな目的で使っているのかを常に可視化する。

⑬ 道徳を習慣にするには技術は必要だが、いつまでもそれに頼る必要はない。

—は稿者、〜は生徒本人。

❸授業デザイン

　前述した流れのように、書かれていることをまず構造図にし、文章の特徴を分析しながら、学習目標を何に定めるかによって、それを強調した図にしていく、板書の生成過程はおわかりいただけただろうか。そこに生徒実態が入ってくるのは言うまでもない。

　実際には、板書になるまでに何度も書き直す。削っていく作業が主である。また、出来た板書から、発問を考えていく際、さらに再考することも多々ある。この繰り返しの中で、授業は精選されていくのだ。

4 「少年の日の思い出」（ヘルマン・ヘッセ）の授業デザイン

──語りの構造を踏まえて──　　　　　　　　　　　　　[中学1年生]

（5社すべてに収録）

本実践は、2019年11月の中等教育研究大会の公開授業である。

❶学習のねらい

　国語科における「深い学び」は、「言葉による見方・考え方」を働かせようとすることで実現される。「対象と言葉、言葉と言葉との関係を、言葉の意味、働き、使い方等に着目して捉えたり問い直したりして、言葉への自覚を高めること」を授業の中で組み入れていくことが必要であるのだ。

　生徒はえてして小説を全体から受ける印象で読む傾向にある。「少年の日の思い出」の授業において、まず登場人物たちの予想外の行動に着目することで、小説を読む際の道標を自分で持つことができるだろう。そして、その行動の理由を考えていく中で、細かな叙述に着目することになり、それは深い読みを生み出していく。さらに、「僕」と「エーミール」の描かれ方の違いや、語りの構造（半額縁構造）に着目し、作者がそのような手段をとった意図・効果を考えていくことは、小説を分析的に読むことへとつながっていくだろう。

　また、「エーミール」のことを語っている「僕」のものの見方・考え方を捉えたり、「エーミール」から見た「僕」の人物像を比較・検討していき、最終的には作者のものの見方、考え方につなげていくことで、生徒のものの見方・考え方を広げていくきっかけとなるに違いない。

　また評価としては、自己評価も取り入れる。根拠を明確にしながら自分の考えを文章化し、それをグループや全体で交流し、課題解決に向かう際、自己の読みの変容が一覧できるようなワークシートを用いることとした。

❷学習指導過程

学習目標

　1　登場人物や情景などの描写を捉え、内容を正確に読み取る。

　2　語りの構造に着目することを通して、小説を分析的に読む。

　3　作者のものの見方・考え方にふれて、自分のものの見方・考え方を広げる。

指導計画（全10時間）

第一次

1　初読後、予想外の行動に線を引かせて発表させ、全体で共有する。課題として、意味調べを分担する。【ワークシートＡ】（1時間）

2　生徒から出た予想外の行動は、次の⑬にまとめられた。

---

①ちょうの収集を見せてほしいと言ったのに、「もう、結構」といって見るのをやめた。

②不愉快で恥ずかしい思い出であるのに、「私」に話した。

③ちょう集めのとりこになったこと。あまりの熱心さにみんなが僕に何度もやめさせようと思うほどだったこと。

④みんなに内緒にしていたのに、せめて隣の子だけには見せようと思った。

⑤ヤマユガをせめて見てみたいというだけだったのに、ノックをして不在なのに勝手に中庭を越え部屋に入って盗んだ。盗んだ後も満足感しか感じていなかった。ポケットに突っ込んだ。

⑥盗みよりも美しいちょうを潰したことが苦しい。

⑦母にすべてを打ち明けたこと。

⑧エーミールへの謝り方がすぐ謝っていない。

⑨大切にしていたちょうちょを一つ一つ取り出し、指で粉々につぶしてしまった。

⑩母が僕の告白をおこることもなく、悲しみ諭した。

⑪エーミールのところから帰ってきた僕に根掘り葉掘り聞かなかった。

⑫エーミールは激したり、僕を怒鳴りつけず、罵りもせず、ただ軽蔑していた。

⑬償いを申し出た僕に対して、許さずはねのけた。

　それぞれについてなぜそのような行動をとったのかを考え、解明していく。（【ワークシートＢ】　思考メモを使って、個人→グループ→全体へ）（8時間　本時はその8時間目）

第二次

　　作者がこの話を書いた意図について、文章にまとめる。【ワークシートＣ】で自分の読みの変容を振り返る。（1時間）

❸学習指導案

学習目標

1　語りの構造に着目することを通して、分析的に読む姿勢を身に付ける。

2　グループ内やクラス全体で考えを交流する際、そう考えた根拠を明確に説明したり、検討できるようにする。

本時の評価規準（観点／方法）

国語への関心・意欲・態度	読む能力	言語についての知識・理解・技能
・描写を注意深く読んだり、他者と課題を話し合ったりする活動を通して、自分のものの見方・考え方を広げようとしている。	・場面の展開や登場人物などの描写に注意して読み、内容の理解に役立てている。 ・語りの構造を理解し、自分のものの見方・考え方を広くしている。	・情景描写・比喩表現などについて、理解して読んでいる。

本時の学習指導過程

学習内容	指導上の留意点・評価	評価の観点と方法
〈導入〉 前時の振り返りをする。 〈展開〉 1「客」はなぜ嫌な思い出である話を「私」に語ったのかを考える。	○「客」が「私」に語った理由について、個人→グループ→全体の流れで解明していく。 ○必ずそう考えた根拠を挙げさせ、検討していく。	・情景描写・比喩表現などについて、理解して読んでいる。（発言・記述の確認・ワークシート・ノート）
2「私」の役割は何かを考える。	○「客」の語った話を「私」が聞き、「私」がそれを書いたことを把握する。	・語りの構造を理解し、自分のものの見方・考え方を広くしている。（発言・記述の確認・ワークシート・ノート）
3この語りの構造は、読者にどんな効果を与えるかを考える。 〈まとめ〉 次時は、作者がこの話を書いた意図について文章を書くことを聞く。	○それを読んだ「客」はどう感じたのかも考える。 ○読者が受けるに違いない実感から、確認していく。	

板書計画

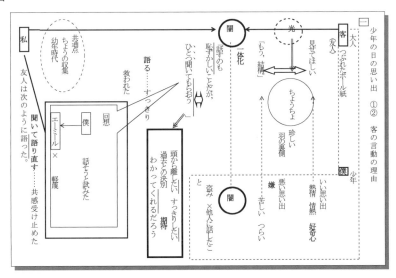

授業の流れ

①客は「見せてほしい」と言ったのに、「もう結構」といっている。話すのも恥ずかしいのに、「ここは一つ聞いてもらおう」と言っている。文中の根拠をあげて、矛盾している理由を説明させる。

②私ならどうして話したらわかってくれると期待したのか考える。

③情景描写が多くあるが、その意味を考える。

④「友人は次のように語った」とあるので、客の話を聞いたが、語り直しという構造になっていることを説明する。

　以下は、第一次において③〜⑬の予想外の行動について、生徒の発表をまとめた板書である。

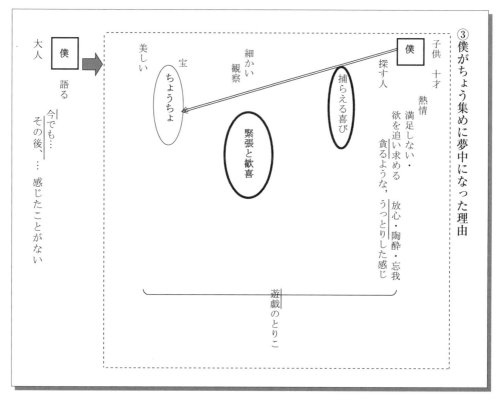

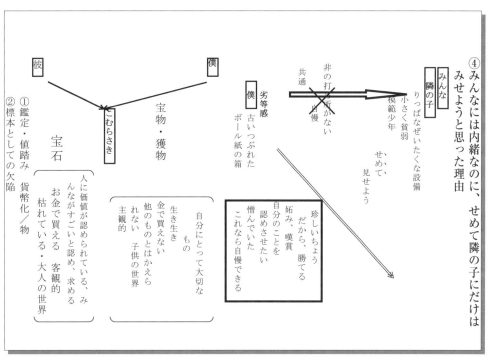

④みんなには内緒なのに、せめて隣の子にだけはみせようと思った理由

⑤盗みをした理由

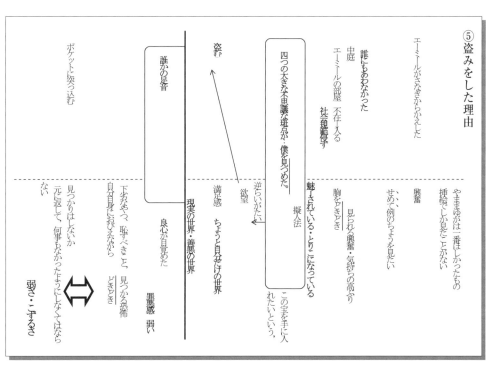

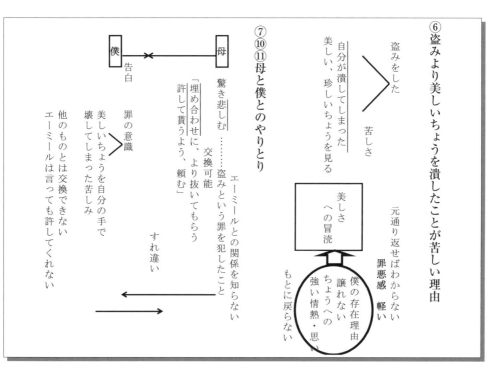

⑥盗みより美しいちょうを潰したことが苦しい理由

盗みをした ＞ 苦しさ

美しい、珍しいちょうを見る
自分が潰してしまった
美しい、珍しいちょうを見る

美しさへの冒涜

元通り返せばわからない
罪悪感 軽い
僕の存在理由
譲れない
ちょうへの強い情熱・思い
もとに戻らない

⑦⑩⑪母と僕とのやりとり

僕 ━告白━ 母 ✕

驚き悲しむ ……エーミールとの関係を知らない

「埋め合わせに、より抜いてもらう
許して貰うよう、頼む」 交換可能

美しいちょうを自分の手で
壊してしまった苦しみ

罪の意識
盗みという罪を犯したこと

すれ違い

他のものとは交換できない
エーミールは言っても許してくれない

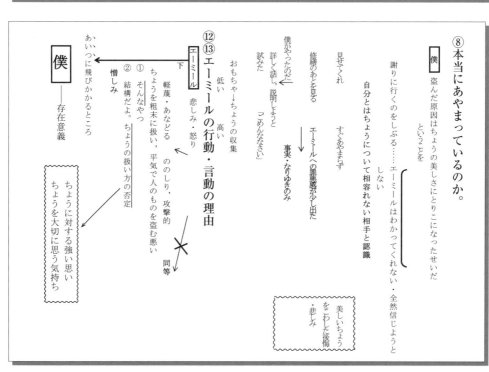

⑧本当にあやまっているのか。

僕
盗んだ原因はちょうの美しさにとりこになったせいだ
ということを

謝りに行くのをしぶる……エーミールはわかってくれない・全然信じようと
しない
自分とはちょうについて相容れない相手と認識

見せてくれ
修繕のあとを見る すぐあやまず
僕がやったのだ
詳しく話し、説明しようと
試みた ごめんなさい

実・なりゆきのみ

エーミールへの罪悪感が少し出た

美しいちょう
をこわした後悔
・悲しみ

⑫⑬エーミールの行動・言動の理由

エーミール
下
憎しみ ①
②
軽蔑・あなどる
結構だよ。ちょうの扱い方の否定
そんなやつ
ちょうを粗末に扱い、平気で人のものを盗む悪い

低い 高い
悲しみ・怒り
ののしり、攻撃的

おもちゃ←ちょうの収集

同等 ✕

僕 ━存在意義

あいつに飛びかかるところ

ちょうに対する強い思い
ちょうを大切に思う気持ち

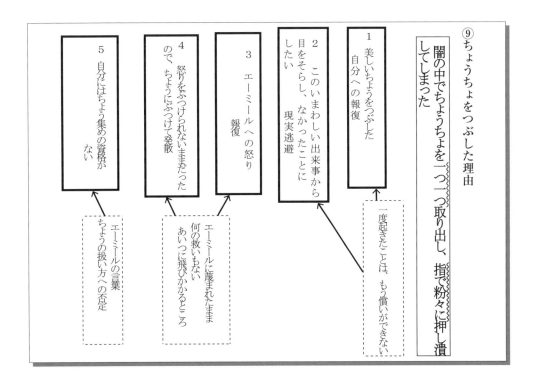

⑨ちょうちょをつぶした理由

闇の中でちょうちょを一つ一つ取り出し、指で粉々に押し潰してしまった

1　美しいちょうをつぶした
　　自分への報復

　　　一度起きたことは、もう償いができない

2　このいまわしい出来事から
　　目をそらし、なかったことに
　　したい
　　　　　　　　　現実逃避

3　エーミールへの怒り
　　　　　　　報復

　　　エーミールに蔑まれたまま
　　　何の救いもない
　　　あいつに飛びかかるところ

4　怒りをぶつけられないままだった
　　ので、ちょうにぶつけて発散

　　　エーミールに蔑まれたまま
　　　何の救いもない
　　　あいつに飛びかかるところ

5　自分にはちょう集めの資格が
　　ない

　　　エーミールの言葉
　　　ちょうの扱い方への否定

❹授業展開における成果と課題

　「少年の日の思い出」は、全国の中学一年生が学習する定番中の定番教材である。何度実践を重ねても、アプローチの仕方によって生徒の反応が大きく変わる教材でもある。今回の主眼は、

①生徒の出した「予想外の行動」から学習課題を設定し、その解決に際し思考メモを駆使していく授業スタイルを取ったこと

②最初の場面の読解を回想部分の押さえをした後で行ったことである。

　①について、初読後「予想外の行動」を挙げることから課題を設定した。これは山元（2018）が紹介する「Probstらは、『予想外の行動』を『最初に教える道標』だと言っている。」[1]「『予想外の行動』という『道標』に目を向けることは、登場人物や設定やプロットの、読者がそれまで意識していなかった面を意識することになる。登場人物の内面の葛藤と変化、場面設定の特徴、そして書き手が作品に込めたメッセージなどを深く掘り下げる学習が可能になるだろう。」[2]を参考にした。実際に中1段階で初めて出会う本格的な小説の学習として、読む視点が与えられて自身で課題を設定していくのに適していたと思われる。

　さらに、個人→グループ→全体という学習活動の中で、思考の流れを記録する「思考

メモ」も今回導入した。グループでの話し合いはなかなか難しく、他の人が多様な考えを持ち、自分とは違うことを知り得る機会としてはよかったが、そう考える根拠をグループ内で聞き合ったり、話し合うまでには至らなかった。そうなるには日頃から話し合う訓練を積み重ねていくこと、さらには話し合ったことによる達成感の経験がいる。話し合いを常日頃から実施し、活性化していくことが必要である。

　②について、最初の客と僕の会話の場面は情景描写、客の言動の矛盾点など多くの要素が詰まっていて、初めに学習するには難しいため、最後に回した。学習課題については、授業者が予想していたことはほとんど生徒から出たので、よい学習課題であると判断される。また、長い間心の中に封印し続けて、誰にも話さなかったのに友人である私にはなぜ話したのか問い掛け、何か客と私に共通点があるからではないかと聞くと、幼年時代にちょうの収集をしていた、軽い厚紙の箱に収集していて、客が集めていたつぶれたボール紙と似通っているところも出た。さらに「光と闇がここには出てくるけれど、何か効果をあげているのか」と問い掛けたところ、ちょうちょをクローズアップしている、闇はちょうちょを一つひとつつぶした嫌な思い出と繋がっていて、客を外の闇と一体化させ、語りに集中させていく効果があることを押さえた。

　客は私に語ることで、すっきりして過去と訣別したい、私ならわかってくれると期待したということが生徒から出た。最後に、「友人は次のように語った。」という所から、これは客の話を聞いて、私が語り直したものであると指導者側が押さえた後、なぜ語り直したのかと問うと、私が受け止めたということが挙がった。時間がかなり押していたこともあったが、この押さえには賛否両論があろう。協議会でも、そうとは取れないという意見や、救われたのではないという見方など、様々に挙がった。また、研究授業後にこの小説を書いた作者の意図を問う【ワークシートC】を用意していたが、そこまで聞く必要はないという意見も協議会ではいただいた。

　これらの点に関しては、研究者の見解も分かれているところではあるが、私は授業では可能な範囲で生徒に無理のない読みが出来ればよいと思っている。定期テストで「後半の客の回想部分はどうして重要なのか。人はどういう時に回想するかを踏まえて答えよ。」という問いを出した。回想部分は、客の人生の中でずっと誰にも語れず、封印されていた過去を初めて明かすという重要な部分であり、作者が似たような体験をしていたり、身近にそういう存在がいたということを表している。

　授業後に書かせた【ワークシートC】にある「自分の最初の読みは変わりましたか」という問いに対して、「客が語ったものを私が語り直したという視点を与えられたことで」「最初の場面はあまり意味がないと思っていたが、多くのことがちりばめられているのがわかった」などの意見があった。初読では簡単に読み飛ばしていく点にどう引っかかって考えていくか、その読み方を体得していくのによい小説であろう。

引用文献

1）山元隆春，「文学作品の『精読（close reading）の方法をどのように学ばせるか？――登場人物の「予想外の行動」を道標として――」，『論叢　国語教育学　第14号』広島大学国語文化教育学講座，2018年，p59.

2）同上書，p67.

【ワークシートＡ】　言葉調べ　　　　　　　　【ワークシートＢ】　思考メモ

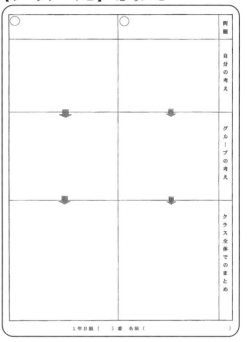

【ワークシートＣ】

5 「クリスマスの仕事」（田口 ランディ）
　の授業デザイン　　　　　　　　　　　　　　　　[中学2年生]

（学校図書『中学校　国語2』）

❶生徒の読みの傾向

　生徒の読みの傾向として気になることがある。
　①手っ取り早く筋がわかればよい。刺激的な展開を好む。
　②教訓的に読む。
　③言葉に拘った、叙述に結びつけた読み方をせず、全体をおおまかな感じで読む。
ことである。読書経験も少なくなっている上、読書量の多い生徒も同じ傾向の小説しか
読まないこともあり、教科書にある小説は生徒にとっては読解しづらいようである。「ク
リスマスの仕事」（田口 ランディ）を題材に、生徒の初読の感想を分析して、読者反応
の傾向を調べ、どのようなアプローチを計ることで、読みの傾向が変わっていくのかを
検証してみた。

❷教材について

　「クリスマスの仕事」（田口 ランディ）は、学校図書中2に所収された教材である。「ウェ
ブマガジン幻冬舎」に掲載されたものを筆者自身が加筆修正して教科書に採録されたの
が、2005年度からである。以降ずっと採録されていたが、現在学校図書では中学国語の
教科書は作成されていない。一見生徒に親しみやすい内容で、読むのに抵抗がないよう
な印象を受ける作品である。しかし、村山（2008）が指摘するように、「書き手の問い掛
けは全く視野に入らず、むしろこの話を『ひたむきな演奏が人に思いを伝える』物語としてみ
ようとする」[1] 傾向がある。僕の持っていた苦悩や婦長さんの持っていた苦しみ、演奏
における僕の変化などにはなかなか目が向かない。
　初読の感想から確認してみる。

①音楽のすごさ・楽しさ
・僕はこの本を読んで、音楽が秘めているモノを深く感じました。奏でる音色が「僕」の、
　みんなの魂を揺るがしていること、感動させることがはっきりと伝わり、気持ちよく
　なりました。
・僕が純粋に音楽を楽しんでいるのがいいなと思った。

・魂の音楽だからこそ植物状態の人にも思いが届いたのだと思った。音楽のすごさに少し気づいた。

・僕が、聴衆なんてどうでもよく、ただ演奏することがすきで、仕事をやっていることから、僕は本当にフォークロアのことを愛しているんだと思った。

②人のために尽くす看護婦さんたち

・この小説を読んで<u>人のために尽くす事の大切さ</u>というものを感じた。

・セント・マリア病院の看護婦さんたちは、体を動かすこともできない寝たきりの人たちに対しても背を向けず、一人一人の存在を大切に思っていて<u>優しいな</u>と思いました。

③マリコさんの涙に感動

　音楽のすごさ以外には、感動もの、いい人、優しい人だとしか見えておらず、僕の葛藤、婦長さんの苦悩も見えていない。ただ、次の二つの感想は違っていた。

・植物状態の人を目の前にしてとまどっていた二人が、病院で演奏することによって、<u>新しい考え方を見い出している</u>のが印象的だった。病院での演奏中に、砂丘の景色を入れていて、別々の美しさが融合する美しさを感じた。

・音楽の神様がやってきて、たくさんの人たちが踊っているところでその魂の中には植物状態の人たちもいるのかなと思った。<u>肉体なんて捨てて、音楽に合わせて姿をかえる</u>という表現から入院している人が生きていると訴えているように思った。

（傍線・稿者）

　砂丘と病院での演奏の変化、僕の内面の変化に注目していることと、砂丘での演奏は伏線であることに気がついていること、魂が植物状態の人のものだとわかっているのは、「みんな自由になれて喜んでいる」「肉体なんて捨てて」「魂の力を信じよう信じようって」「魂はそれぞれの形の中へと静かにもどっている」と合わせて読めていると判断できる。

　さらに、本文中の印象的な箇所としてあげられているのは

1　与えてる人たちが、実は与えられてるんだな。

2　瞬間、アンデスの山が見えた。

3　マリコさんの一粒にも満たない涙が、最高のクリスマスプレゼントなんだって思えた。

4　「ほらね。分かるのよ。感じるのよ。」自分に言い聞かせるみたいに、婦長さんがつぶやいた。

5　セント・マリア病院での演奏の場面

6　僕は聴衆なんてどうでもいいのだ。

7　やっぱり神様はいるんだ。メリークリスマス。

だった。鍵となる部分はつかんでいるが、その内実までには考え深められていないと判断される。

生徒が一読では気が付かない部分としては、次の点が上げられる。

①**僕の持っている漠然とした悩み・不安**

僕の口調が最初と最後に共通して軽い感じのため、不安や悩みを抱いているとは一見思えない。本文からも「三十になってもまだ六畳のふろなしアパートに住んで、普段はそれぞれバイトをしている。」「なんだか旅のジプシーみたいだった」からしか伺えないところが難しい。実際に成人していたり、なんらかの芸術活動を体験していれば実感出来るだろうが、中２の生徒たちには想像することが難しい部分である。

②**比喩表現**

演奏の表現のすごさについては一読で感じるのだが、その意味する所は丁寧に読まないと伝わってはこない。

③**婦長さんたちの苦悩**

植物状態の人やホスピス、終末期医療という存在を実際に見聞きした経験がほとんどないであろう生徒たちにとって、本文に書かれてはいるものの理解が難しい。

○心情の変化、考え方、感じ方の変化、関係性の変化などに着目し、その理由を考える
○対比することで、叙述の関連や描写の意味を見つける

以上を軸に据えて授業構想することで、この小説で訴えようとした田口 ランディの想いが読み取れるはずだと考えた。

❸授業の実際（全３時間半）

学習目標

1　人々が支え合う生について考える。
2　表現の持つ重層的な意味を捉える。

授業展開

1　本文を音読する。100字原稿用紙（細長い短冊で、学校で作成している）に初読の感想を書く。
2　浜松の砂丘での演奏とセント・マリア病院での演奏における表現の違いをもとに、僕の心境をペアで分析する。【ワークシートＡ】
3　発表して、まとめる。【板書①】
4　婦長さんの言葉から、その葛藤を読み取る。
5　僕と婦長さんとの共通点を考える。【板書②】

6 「与えてる人」「与えられてる人」の中身を考える。【板書③】

7 「やっぱり神様はいるんだ」の内容、題名の意味を考える。【板書④】

8 学習を終えての感想を書き、初読の100字原稿用紙を貼り付け、比較して読みの変化を振り返る。【ワークシートB】

【ワークシートA】

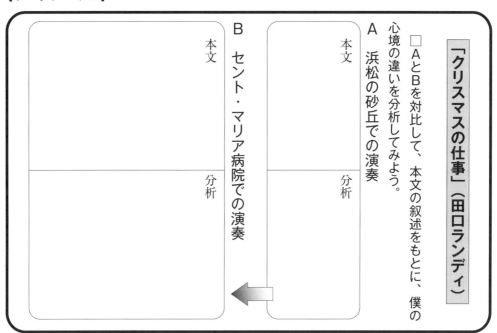

【ワークシートAの発表のまとめの板書①】

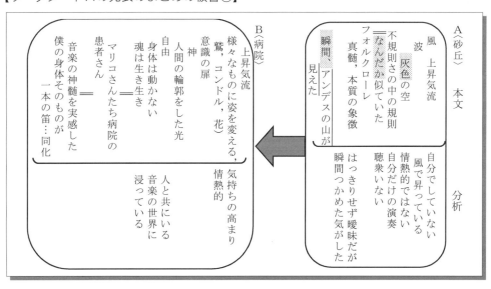

【板書②】

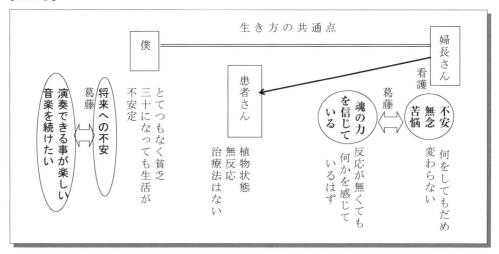

【発問】
①婦長さんは患者さんを看護する中で、葛藤を抱えている。それは何か。
②僕はどんな人物であるのか。僕と婦長さんには共通点がある。それは何か。

【板書③】

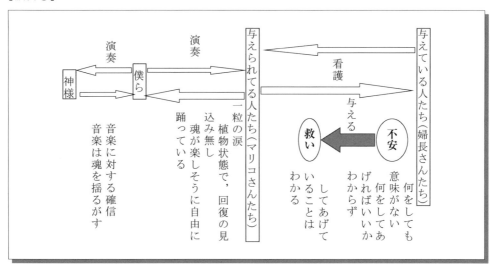

【発問】
①与えている人たちは、与えられている人たちに何を与えられたのか。
②僕らはマリコさんたちに何を与えられたのか。
③神様は僕らに何を与えてくれたのか。

【板書④】

「やっぱり神様はいるんだ。」

① 笑い…もらったうなぎ弁当
　（長い間食べてもなかった）
　がプレゼント

② 僕…漠然とした不安感 → 音楽に対する
　確信を得たことがプレゼント

③ 病院の人たち…何かにすがりつきたい
　という婦長さん達に「マリコさん
　の涙」が救いとなったことがプレ
　ゼント

題名「クリスマスの仕事」の意味

・貧乏な僕たちはクリスマスにも仕事を
　しないといけない

・無償の純粋な気持ちから音楽をしてい
　る僕らにとって，仕事そのものがクリ
　スマスプレゼント

【発問】

① 「やっぱり神様はいるんだ」という言葉は、笑いととるとどんなプレゼントなのか。

② 僕にとっては、どんなプレゼントか。病院の人たちにとってはどんなプレゼントだっ
　たのか。

③ 題名の「クリスマスの仕事」にはどんな意味があるか。

【ワークシートB】

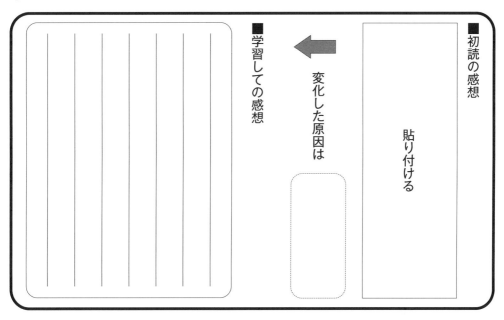

■初読の感想

貼り付ける

変化した原因は

■学習しての感想

【ワークシートＢ】の、初読の感想から変化した原因として生徒が挙げていたのは

・登場人物の感情の変化と共通点に気が付いた

・前後に関連があることが多く、それを解いていった

・描写に何の意味があるかを考えた

とあった。授業者の意図が伝わったと考えられる。

　また、感想からも、

・文中の描写を掘り下げていったり、暗示された婦長さんと僕の現状に対する不安と希望の葛藤は、自分だけで読んでいては気がつかなかった。

・１回読んだときには感じることができなかった、婦長や僕の心情の変化がよく分かりました。

　作者のメッセージに気が付いたものとして、

・読む前は表現がすごいとしか思わなかったが、この話の中には人間の葛藤や不安が隠れていた。

・人生について考えさせられる物語だったと思いました。

　小説の構造、しかけに気が付いた、深く読む面白さに気づいたものとして、

・対比がたくさんあったり、人物の心情に重なるところがあったり、とても考えて作られている文章だということが分かった。

・小説がいかに考えて作られているかを再確認させられました。

・クリスマスイブというような場面設定が、最後に活きてくると気付き、面白いと我ながら思った。

・本文に隠れている様々なワードに注目してたくさんのことに気づくことができました。

　田口 ランディの想いを受け取ったものとして、

・自分が一生懸命つくしていることが本当に正しいのかということに不安を覚えながら生きている人がいる。そしてその答えというものは、自分一人では導き出せないのではないか、相手との交流によって、初めて分かることなのではないかと思った。

・先の見えない人生の中で、僕も婦長さんも日々不安を抱えています。でもふとした時に魂を感じて、自分がいまいる場所、している事の本質が見えてきます。僕は言葉を発することも動くこともできない植物状態の人たち、その周りの人たちと接することができたから、本来の魂のフォルクローレを得ることが出来、自分が観客の魂を表現することを信じたのだと思います。

等があった。　　　　　　　　　　　　　　　　　　　　　　　　　　　（傍線・稿者）

　田口 ランディは「人は『生きている』と同時に『生かされている』。分かち合うことでそれを学んでいく。」[2]と語っている。また「『何もしない』人は『生きている意味がない』ように感じている自分に気がつきました。」[3]と告白している。植物状態の人に対して「作り

モノみたい」「魂の抜けた人間って感じ」と思っていたのは、田口 ランディ自身の昔の感覚でもある。

　次の生徒は、田口 ランディと同じ思考過程を遂げている。

・人間が生きている意味を追い続けている理由が少しわかったような気がした。私自身人がなぜ生きていて、自分が死んだらどうなるのかということをよく考える。こうした植物状態の人たちは死んでいるわけではないが、何かを感じることもない、これは生きている意味がないと思っていた。しかし、学習して誰かの行動は誰かに影響を与えているということを思い出した。こうして生きている以上、誰かに影響を与える、感情がないという事は知らないし、分からない。しかし何かがそこに存在することで誰かに影響を与える。人間が生きている理由などないかもしれない。

　学校図書の教科書が無くなった現在、この小説はどの教科書にも採用されていないが、学習しないことが惜しまれる小説である。

引用文献
１）村山太郎，「〈自分らしさ〉を迫る時代の国語の学習」，広島大学国語教育会，『国語教育研究』（49），2008年，p112.
２）田口ランディ，「『クリスマスの仕事』について」，『教科研究』（181），学校図書，2006年，p2.
３）同上書，p2.

6 「小さな手袋」（内海 隆一郎）
の授業デザイン
[中学2年生]

（三省堂『現代の国語2』）

❶生徒の反応から

通読後、「みんなで考えてみたいこと」で挙がったものが以下の通りである。◎が複数出たもの。

■雑木林と二人の出会い

◎最初の細かい雑木林の描写の意味。　二人の出会う場所がなぜ雑木林だったのか。

妖精のくだりはいるのか。なぜおばあさんのことが妖精に見えたのか。

おばあさんが雑木林にいた理由。毛糸人形の意味するもの。

なぜおばあさんはシホが好きになったのか。何を求めていたのか。

■妻の行動

妻がおばあさんのところへすぐ挨拶に行かなかった理由。

妻はなぜ真剣になってお菓子を作ったのか。

妻が遠くを見る目をしてシホの言葉に返事をした理由は。

◎なぜ両親はシホにおばあさんのことを言い出せなかったのか。

■祖父の死とおばあさんに会いにいかなくなったシホ

シホは祖父の死を体験してからどう変化したのか。

◎なぜシホはおばあさんのことを忘れたのか。本当に忘れていたのか。

◎なぜシホは雑木林に行かなくなったのか。

■宮下さんの思い

おばあさんがシホに時間をかけて手袋を編んだ理由。

キリスト教会が病院経営をしているという設定には訳があるのか。

題名がなぜ小さな手袋なのか。

■シホが宮下さんのことを思い出す

シホがおばあさんのことを思い出した理由は。

受付の小窓で聞く前の「やっぱり」。

おばあさんに会いにいくといったシホをなぜ修道女は押しとどめたのか。

■大連の意味

◎なぜおばあさんは大連へ行ったのか。大連への思いの強さの理由。昔の大連とはどんなところか。

おばあさんは大連でどのような生活をすごしたのか。

昔の大連に帰ってしまったという意味はなにか。

■ぼけの現実

なぜおばあさんがぼけてしまう結末にしたのか。再会しても良かったのに。

おばあさんはシホにあったら何か思い出すのではないか。だから会ったらいいのに。

分からなくなっていたとしても、なぜおばあちゃんに会わなかったのか。

■雑木林に向かうシホ

最後に雑木林へと向かっている理由。私がそれを許した理由。

■語り（父である私目線）の効果

シホが次女。長女は？

なぜシホが中3の時からの回想なのか。

シホの父が語り手だが、なぜ全部知った上で話せているのか。出来事があった6年後に「私」は次女とおばあさんのことをなぜ話したのか。なぜシホの父親の視点で話が進んでいくのか。その必要性は。空白の三年間は。

授業の中で押さえるべきところがすべて網羅されている。最後の私の語りに着目している生徒が多く、最初から鋭い所に視点が向いている。

❷教材について

「小さな手袋」は、短編集『人びとの忘れもの』の中の一つである。シホという小学三年生の少女が、雑木林の中で老女と偶然出会い、交流が始まったが、祖父の死をきっかけにおばあさんに会いにいかなくなってしまう。三年後病院に行ったことがきっかけでおばあさんのことを思い出すが、老女はシホのために手袋を編んでくれていたこと、ボケが進み、シホと会ってもわからないと修道女に聞かされ、直後会うのを止められてしまう。病院から帰る時、シホは雑木林に寄りたいと父である私に頼み、私が承諾するところで話は終わる。

❸授業の実際（全6時間）

学習目標

1　登場人物同士の関わりや心情の変化を探る。

2　象徴しているものについて考える。

3　語り手の意味を考える。

授業展開

第1時

【板書①】

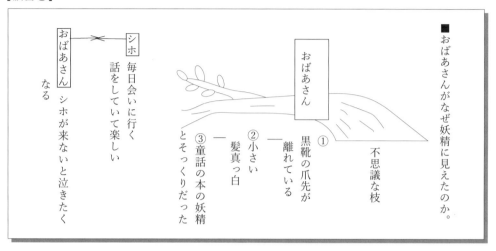

【発問】

①シホはなぜおばあさんを妖精だと思ったのか。

②毎日シホがおばあさんに会いに行ったのはなぜか。

第2時

【板書②】

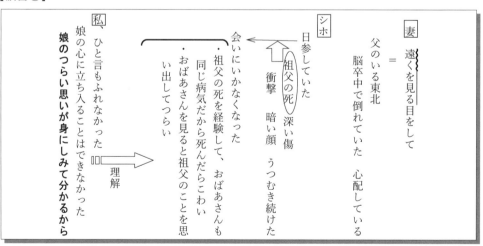

【発問】

①妻が遠い目をしたのはなぜか。

②シホはなぜ日参していたおばあさんに会いにいかなくなったのか。

③私や妻は、なぜ何もいえなかったのか。

第3時

【板書③】

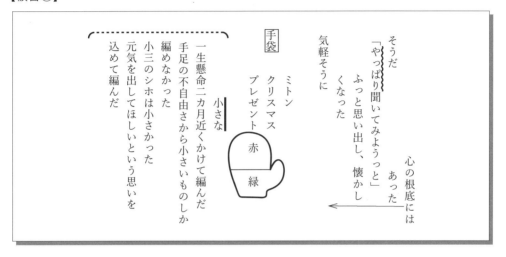

【発問】

①シホがおばあさんのことを思い出したのはなぜか。

②「やっぱり」という言葉を言ったのはどのような気持ちからか。

③手袋はどんなものか想像する。

④どんな思いでおばあさんは手袋を編んだのか。

⑤手袋が象徴しているものを考える。

第4時

【板書④】

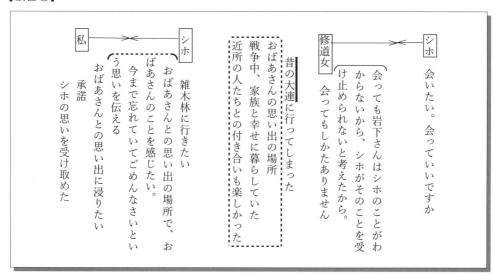

【発問】

①修道女が会わない方がいいと言ったのはなぜか。

②大連とはどういう所か。おばあさんにとって、大連はどういう所だったのだろうか。

③雑木林に行こうとシホが言ったのはなぜか。また私はそれを承諾したのはなぜか。

第5時

【板書⑤】

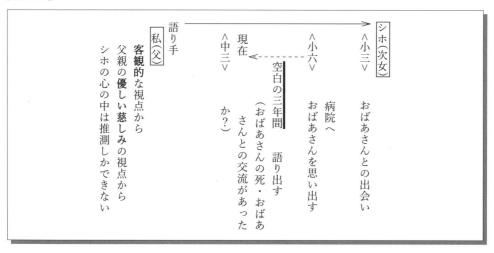

【発問】

①私がシホのことを語っているのはいつなのか。

②なぜ今シホは中３であるのに、その時のことを書かないのか。

③語り手がなぜシホの父親なのか。

　　第６時

【板書⑥】

象徴するもの

● 大連(戦争中、日本統治時代、多くの
　　日本人が渡っていた、栄えていた街)

　　・おばあさんの幸せな日々・過去
　　・家族と過ごした日々
　　・近所づきあいもあり、生活も裕福
　　　で楽しかった日々

● 雑木林　　暖かい
　　　　　　おもいがけなく優美

　　・シホとおばあさんの暖かい心の交
　　　流
　　・二人を包む場所
　　・異空間(妖精だと思わせる)

【発問】

①大連が象徴するもの、雑木林が象徴するものは何か。

②「忘れもの」とは何かをカードに書く。

【忘れものを書いたカードをまとめた資料】

■ この話は『人びとの忘れもの』という本の中に収められたものです。「忘れもの」とは何でしょうか。

❶ 宮下さんの記憶
おばあさんの中のシホ

❷ シホが宮下さんと過ごしていた記憶・思い出
シホとおばあさんとの楽しい時間

❸ おばあさんとシホの関係
シホのおばあさんを好きな気持ち

❹ 幼い頃の思い出　　幼い心　　童心

❺ ミトンの手袋

❻ 雑木林に残された人々の思い

❼ 時間の経過と共に忘れてしまう、大切な人との記憶や思い出

❽ 祖父や宮下さんなどの人からの思いやり

○「小さな手袋」という題名について

「おばあさんの手袋」ではなく「小さな手袋」ということで、読み手に「手袋？なんだろう？」とまず疑問を持たせたり、シホがおばあさんと親しくなっておばあさんが編み物をいつも一生懸命練習していることがわかってきて、おばあさんの手袋なのかな？と読み手に想像させることができます。そして2年後、おばあさんの手袋を受け取り、その小ささが無情にも二人の間に流れてしまった時間が切なく、でもその小さな手袋に対しておばあさんは大きな時間とその後に思い情を詰め込んで、という間の2年半やその後に思いを馳せることができるいい題名だなと感じました。

　上の資料にあげた初発の感想を書いた生徒は、「小さな手袋」の仕掛けをよく読み取っている。

　　作品の読者たちは、「小さな手袋」というタイトルの意味がわからないままに、事柄の時間的な順序にしたがって語る「わたし」の語りに付き合っていくことになる。手袋そのものは、作品のおしまいちかくになってようやく登場する。茶色の袋のなかから、かつて、おばあさんが編んだミトンが現れて、読者たちには、やっと、なぞがとけるのである。[1]

　語りの問題、読者側の反応、象徴されたものなど、多くの問いが設定できる、小説としてかなり学ぶことが多い作品である。

引用文献
1）宮川健郎,「『小さな手袋』この教材の魅力」,『実践国語研究』,2004年7月号,明治図書,2004年,p73.

7 「握手」（井上 ひさし）の授業デザイン　　　［中学3年生］

（三省堂『現代の国語3』光村図書『国語3』）

❶教材について

　「握手」は、短編小説集『ナイン』（1987年）所収の短編小説である。光村、東京書籍で中3の教材として採用されており、定番の小説としても押さえるべきところが多くある作品である。

　一番の特徴は、「私」の視点から、時間の経過が入り組んで設定されていることである。書いている今はルロイ修道士の死の約一年後、約1年前の二人の再会とルロイ修道士の死、光ヶ丘天使園での過去の三つである。また、語り手の「私」の現在については語られない。あくまでルロイ修道士の行動が中心になっている。

　題名がなぜ「握手」なのかについても考えるべきである。指言葉の叙述は多く出てくるが、それらはルロイ修道士の癖であって、いわゆるサインであった。それは園児たちに共有され、私の行動に無意識に出てくるほど身についてしまってはいる。

　握手は、ルロイ修道士と私のつながり合いを示しており、心の交流を示すものである。握手で始まり、握手で終わる、その呼応が見事な作品である。

❷授業の実際（全6時間）

学習目標
1　「握手」に込められた登場人物の思いや作者の意図を考える。
2　「握手」や「指言葉」などの表現に込められた意味を考える。

授業展開
　第1時　全文通読。小説の構造を確認する。

【板書①】

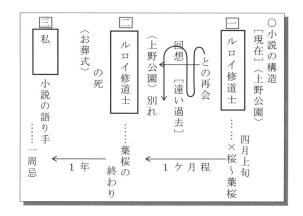

【発問】

①通読後、出てくる人を確認する。

②違った時間が書かれているが、いつか。

③季節の変化を表す言葉がある。探せ。

　　第2時　【ワークシートA】にルロイ修道士の人物像が現れている箇所を挙げて、発
　　　　　表させてまとめる。

【ワークシートA】

【ワークシートAを発表させてまとめた板書②】

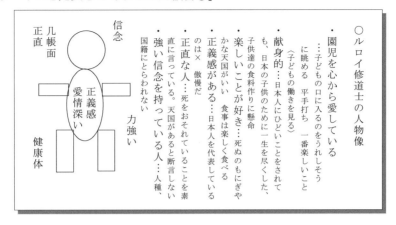

○ルロイ修道士の人物像

・園児を心から愛している
　…子どもの口に入るのをうれしそうに眺める　平手打ち　一番楽しいこと
　〈子どもの働きを見る〉
・献身的…日本人にひどいことをされても、日本の子供のために一生を尽くした、子供達の食料作りに懸命
・楽しいことが好き…死ぬのもにぎやかな天国がいい　食事は楽しく食べる
・正義感がある…日本人を代表しているのは×　傲慢だ
・正直な人…死をおそれていることを素直に言っている。天国があると断言しないのは×
・強い信念を持っている人…人種、国籍にとらわれない

信念
正直
几帳面

正義感
愛情深い

健康体
力強い

第3時
【板書③】

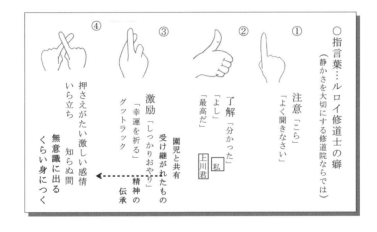

○指言葉…ルロイ修道士の癖
（静かさを大切にする修道院ならでは）

① 注意　「こら」
　「よく聞きなさい」

② 了解　「分かった」
　「よし」
　「最高だ」

③ 激励　「しっかりおやり」
　「幸運を祈る」
　グットラック

④ 押さえがたい激しい感情
　いら立ち
　知らぬ間
　無意識に出る
　くらい身につく

園児と共有
受け継がれたもの
精神の伝承

上川君
私

【発問】
①指言葉が使用されているところに線を引く。指言葉の意味を確認する。
②なぜルロイ修道士は指文字が癖になっていたのか。
③①③と②④の指言葉で分類することはできないか。

　②④の指言葉は、園児達には共有されたものだったのだが、④は私が無意識のうちに出るまでになっていたということから、ルロイ修道士の精神が伝承されたものだと考えられる。

第4時

【板書④】

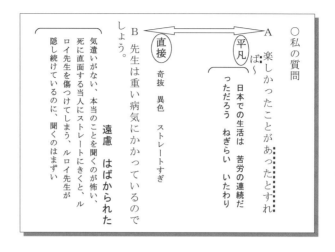

【発問】

①私の「楽しかったことがあったとすれば」の「あったとすれば」の言い方から、私のどんな思いが分かるか。

②「先生は重い病気にかかっているのでしょう」となぜ問えなかったのか、考える。

【板書⑤】

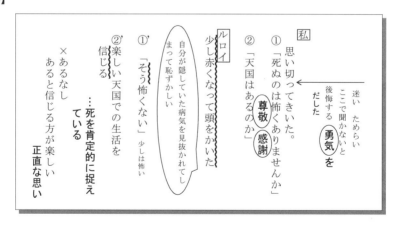

【発問】

①それでも思い切って聞いたのはなぜか。

②ルロイ修道士が「少し赤くなって頭をかいた。」のはどうしてか。

③修道士なのになぜ天国はあると断言しないのか、あると信じる方が楽しいと言っているのか。

④私の最後の握手はどんな思いを込めたものか、カードに書いて提出。

54

第5時

【ワークシートB】

① 「握手」（井上ひさし）まとめ

① わたしの握手（しっかりと上下に振り動かす）にはどんなメッセージがあったのか。
・ルロイ先生から受けた教え、言葉は忘れません。
・病気に負けないで。病気と闘ってください。元気になって欲しい。
・死なないで。
・死に対して恐怖や不安を感じているであろうルロイ先生に、安心感を与える。元気づけてあげたい。
・あなたにあえて良かった。
・二度と会えないかもしれないと思うと、泣いてしまいそうでそれをこらえたので力がこもった。
・なんの力にもなれないことが悔しい。
・そこで生きていることを確認したかったから。
・もう二度と会うことが無いかもしれないので、一生分の握手をしようと思った。

② 「わたしは知らぬ間に、両手の人差し指を交差させ、せわしく打ちつけていた。」の部分からわかる、私の心情を考えよう。

誰に対する　どんな思い

【板書⑥】

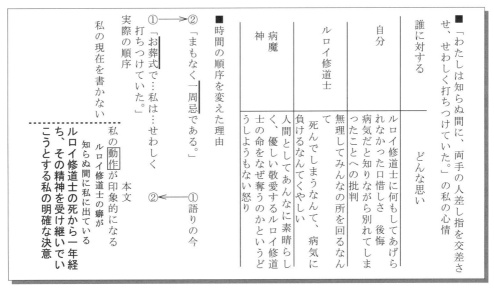

■ 「わたしは知らぬ間に、両手の人差し指を交差させ、せわしく打ちつけていた。」の私の心情

誰に対する	どんな思い
自分	無理してみんなの所を回るなんて
ルロイ修道士	ルロイ修道士に何もしてあげられなかった口惜しさ　後悔　病気だと知りながら別れてしまったことへの批判
病魔	負けるなんてくやしい、病気に死んでしまうなんて
神	死んでしまうなんてくやしい　人間としてあんなに素晴らしく、優しい敬愛するルロイ修道士の命をなぜ奪うのかというどうしようもない怒り

■ 時間の順序を変えた理由

実際の順序
① → ②
①「お葬式で…私は…せわしく打ちつけていた。」
②「まもなく一周忌である。」

② → ①
①語りの今

本文
私の動作が印象的になる
ルロイ修道士の癖が知らぬ間に私に出ている

私の現在を書かない

ルロイ修道士の死から一年経ち、その精神を受け継いでいこうとする私の明確な決意

【発問】

①前時のカードをまとめた【ワークシートB】の①を紹介する。

②「私は知らぬ間に、両手の人差し指を交差させ、せわしく打ちつけていた。」から分かる私の心情は何か、【ワークシートB】の②に書き入れる。

③なぜ「まもなく一周忌である。」という一文を先に述べるのか、考える。

第6時

【ワークシートC】

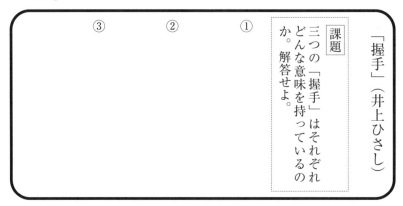

課題

三つの「握手」はそれぞれどんな意味を持っているのか。解答せよ。

「握手」（井上ひさし）

① ② ③

【板書⑦】

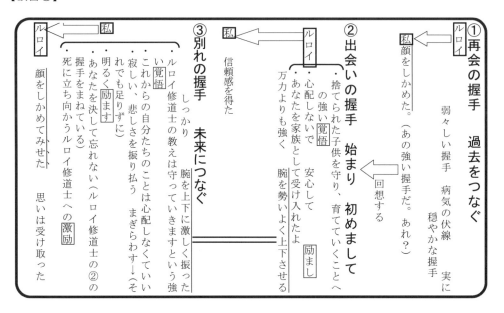

【発問】

①握手が書かれてある箇所を三つ探し、色をつける。

②【ワークシートC】に個人の考えを書き入れる。

③グループで話し合って発表資料にまとめる。【ワークシートC】のB4判のものにまとめる。図式化してわかりやすくすることを指示。

④図式化したものを写真に撮り、スライドに映し、全体で共有する。（口頭発表する中で、要素を加えて、授業者が完成していく方法もある）

⑤小説の題名が「指言葉」ではなく、「握手」なのはどうしてか。

8 「ディズニーランドという聖地」（能登路 雅子）の授業デザイン　　　　　　　　　　　　[中学3年生]

❶教材について

　中学三年生が扱う教材として「ディズニーランドという聖地」は、学校図書だけに採用されていた。難語句もあり（禁忌、忌避、淵源など）、評論文として明確な構成を持つ教材として、手応えがある上に、取り扱っている内容も生徒の好きなディズニーランドということでなかなか好評であった。

❷筆者・原典について

　『ディズニーランドという聖地』は、能登路 雅子氏によって1990年に書かれた文章である。岩波新書にもまとめられ、既に四半世紀経つにも関わらず、「視点の鋭さと文章の切れ味で、類書の追随をいまだにゆるさない」[1]と言われる。大学のゼミでテキストとして使っているところもあるほどだ。

　能登路 雅子氏は、東京大学教養学部教養学科アメリカ科卒業後、外資系の広告会社マッキャンエリクソン博報堂に就職。その後1980年カリフォルニア大学ロサンゼルス校の大学院に通っていたころ、ウォルト・ディズニー・プロダクションの嘱託の仕事を引き受けた。さらにウォルト・ディズニーの伝記翻訳の仕事を共著で出す中、東京ディズニーランド開園に関わった経歴を持つ。氏にとって、この文章は必然の中から生まれたものであろう。1983年から東京大学教養学部助手として就職した氏は、研究対象としてのディズニーランドを外から眺め始めたときに初めて本質的理解をしたという。

　『東大英単』の事実上の監修者であったり、高校時代にAFSの留学生として一年間アメリカで過ごしたりと、英語に堪能である。

　2013年に東大を退職後は、「遊び」に視点をおいた日米文化交流研究をまとめる予定だという。

原典『ディズニーランドという聖地』（岩波新書）の構成は、

> 序　ディズニーランドとの出会い
> 一　ディズニーランド誕生
> 二　異才ウォルト・ディズニー　★
> 三　ノスタルジアの演出法
> 四　ディズニーランドの超リアリズム
> 五　英雄たちの過去と未来
> 六　フロリダ・東京・パリーディズニーランドの世界戦略―
> あとがき

となっており、教材文は★の部分の「中西部人と自然」「安全で清潔な世界」の二章が取り出されている。教科書掲載にあたり、大幅な修正が行われている。

　削除されているのは、①ディズニーが幼年時代を過ごしたミズーリ州マーセリーンについての説明と、中西部についての説明②アメリカの道路の歴史③ウォルトの兄ジョイとメニンガーが同じ年の生まれであること　の三箇所である。

　②③はなくても文章の流れ上無理はないが、①についてはミズーリ州の地図も掲載されていて、中西部がアメリカのどの地域なのかが理解しやすい。できれば地図だけでも提示するのが良いと考える。

　氏はディズニーランドの歴史を三期に分け、ディズニーの「想像力の源泉として、お伽話、古き良きアメリカといったノスタルジア」[2]でできた第一期、それに「先端テクノロジーという新たな次元が加えられた一九六五年以降、第二段階を迎え」[3]、「ディズニーの直接的影響力が失われてから以降を第三期としたが、実は第四期ともいうべき新しい時代がすでにはじまっている。」[4]とあとがきで指摘している。ゆえに本書を「現在も進行中のディズニーランド現象についての中間報告であるにすぎない。」[5]としている。

❸教材分析

　全体の構成としては、四つに分けられる。（形式段落番号①～⑪）
一　ディズニーランドの背景にあるもの
　　ウォルト・ディズニーの育った中西部の過酷な自然環境（①～④）
二　ディズニーランドの特質
　　清潔で楽天的なネズミ　ミッキーマウス、反自然的世界（⑥～⑩）
三　ディズニーランドに近づく現実の世界の問題（⑪）

本文の特徴
①題名「ディズニーランドという聖地」について
　教材本文中には「聖地」という言葉は出てこない。著書につけられた題名だからであ

る。原典の「4　ディズニーランドの超リアリズム」で、子供の頃カリフォルニアのディズニーランドへ車で横断するアメリカ人の手記を挙げ、それを「まるで聖地をめざして、ひたすら進む幼い巡礼者の姿」[6]と喩えている。

　「映画やテレビを通してディズニーランド文化の洗礼をたっぷり受けて育った世代のアメリカ人は、その成長とともに、ディズニーランドという場所を単なる遊園地や観光地から、聖地へと変えていったのである。」[7]つまり、「ディズニーランドはメッカやエルサレムと同様、アメリカ人が一生に一度は行くべき『聖地』となった」[8]のだ。

　最近では、アニメの舞台となった場所を訪れる事を「聖地巡礼」ともいうらしい。わくわくしながらディズニーランドに訪れるアメリカ人たち。アメリカ人にとってディズニーランドという場所は、理想の世界として、崇める場所として、心の拠り所として存在しているのだ。

　考えさせる問いとしては最適なものであるが、本文中に全く出てこないのがネックではある。しかし、本来の「聖地」とはどんなものであるのか、ディズニーランドという聖地に行くのは誰かという主体をはっきりさせ、対比的に考えていくことで、正解は導けるはずである。

②魅力的な対比

　ディズニーランド内の自然のあり方と日本の伝統的な造園の対比は、興味深いものである。「自然の地形や植物を十二分にとりいれた」という部分しか、本文に日本の伝統的な造園についての説明がないため、実際の庭園などを例示しながら考えていく必要がある。

③具体例の適切さ

　教材文中では「スイス・ファミリー・ツリーハウス」「イッツ・ア・スモール・ワールド」「ジャングル・クルーズ」などのアトラクションが挙がっているが、ディズニーランドに全く行ったことのない読者にもイメージしやすい説明がなされている。

④著名な精神分析医の言葉の引用

　カール・メニンガー自身がカンザス州という中西部生まれなので、その分析には説得力がある。さらに原典には、ウォルト・ディズニーの兄ロイは、メニンガーと同じ1893年生まれという記述もあり、ちょうど同じ世代に中西部で生きた人間の精神構造が明らかにされていて、説得力が増す。

　さらに、著名な精神分析医であることから、専門的な見地から中西部の人々の精神構造について述べられ、筆者の意見の信憑性を増している。

⑤現実社会との連関

　最後の一文「我々の住む現実の空間の方が、いまや確実にディズニーランドに近づいてきているのである。」が、現実社会を考える契機となっていて、中三の生徒にとっては思考するに十分なテーマである。本文ではその現象について具体的に書かれていない

ので、生徒からの指摘が面白い箇所である。実際にかなり多くの具体例が挙がってきた。

　ダム、過度の植林、インターネット、クーラー、造花、品種改良、木々の伐採、化学肥料、促成栽培、殺虫剤での虫の駆除、除草剤、携帯電話、スマホ、住宅地造成、埋め立て、アスファルトの舗装、添加物、徹底的な除菌、芳香剤、制汗剤、化学調味料やインスタント食品の発達、コンビニ、土のグランドの減少、アニメなどの二次元世界、さまざまなものの機械化（ルンバ、食洗器など）

　能登路氏も論文で、

　　　日本においても、大都市圏の超高層マンションや郊外の住宅開発、老人向けコミュニティなど、魅力的な雰囲気、快適性、安全と管理をパッケージ化した最近の町づくりはテーマパークの手法の応用にほかならない。[9]

と指摘する。

　　　快適さの裏に管理が、安全の裏に監視という要素が効率的に機能していることをソフトに隠蔽するのもテーマパーク独特の技法である。[10]

という問題点も挙げられている。企業、自治体、消費者など社会の全体にテーマパーク的文化戦略が広がっていることを指摘する。接客のパフォーマンスは、コンビニ、スターバックス、ファミリーレストランなどの店員と同じであり、電車や地下鉄職員の制服もなにやらディズニー的であるし、銀行のATMの列の並び方まで同じだと指摘している。もはや私たちの生活のさまざまな行動やもののあり方にまで、影響が及んでいるのだ。ここまで気づかせていくとまた面白い。

❹　教科書での扱い方・他の実践例より

　指導書にある指導例では、四時間扱いである。
学習目標は、
1　興味ある題材を取り上げた評論を通して、論理的な文章を読み取っていく能力を高める。
　①抽象部分と具象部分を読み分ける。
　②事象の部分とそこから導かれた書き手の見解・意見の部分を読み分ける。
　③文章の論旨を支える因果関係を把握し、全体の論旨をまとめる。
2　自分なりの問題意識を持ち、主体的に読み進めていく読書的な態度を身につける。
　①この文章を読んで、特におもしろく思った部分について、自分なりの感想を持つ。

②筆者の批評を自分の問題として捉える。

と設定されていて、授業展開は、

第一次　単元全体の導入指導と全文の通読

第二次　教材文の読解

第三次　教材文の読解と自分たちの現状についての考察

「教科研究国語　No.201」に掲載された指導案では、

学習目標

　　1　文明社会の状況について考える。

　　2　論の構成に着目して読む。

学習過程（4時間）

第一次　全文を通読する。題名について考える。

第二次　第一段（初めからp153・6行）の読解。第二段（p153・7行〜p158・9行）の
　　　　読解。

第三次　第三段（p158・10行〜終わり）の読解。最終段落を読み、わたしたちの生活に
　　　　対する警告について考える。

　学習過程においては、大差ない。

❺　授業の実際

　2回の実践を挙げる。

A　2009年11月実践（全6時間）

　1　「ディズニーランドの魅力とは」につなげて、文章を書かせる。　（400字程度）

　2　①をまとめたものを提示する。本文通読。

　3　ディズニーランドを生み出したウォルト＝ディズニーの育った環境について、ま
　　　とめる。【板書①】

　4　ディズニーランド内の植物と日本の伝統庭園との違いを比較する。【板書②】

　5　「我々の住む現実の空間がディズニーランドに確実に近づいている」具体例は何
　　　があるか挙げ、その問題点を考える。【板書③】

　6　なぜ「聖地」という言葉が使われているか考える。筆者の意見に対してどう考え
　　　るか、意見文を書く。まとめたものを提示する。

【板書①】

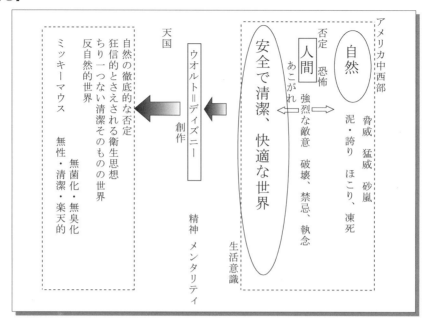

【発問】

①ウォルト＝ディズニーが住んでいたアメリカ中西部は、どんな自然だったか。

②そんな自然に対して人々はどんな感情を抱いていたか。

③そういう生い立ちを経てウォルトが作った世界はどんなものだったか。

【板書②】

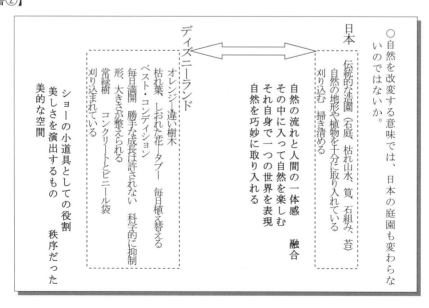

【発問】

①自然を改変する意味では、日本の庭園も変わらないのではないかと投げかけ発問をする。

②日本の庭園の特徴を挙げよ。

③ディズニーランドにある自然の特徴は何か。

④それぞれの違いについて考えよう。列ごとに当て、言葉をまとめさせ、発表する。

【板書③】

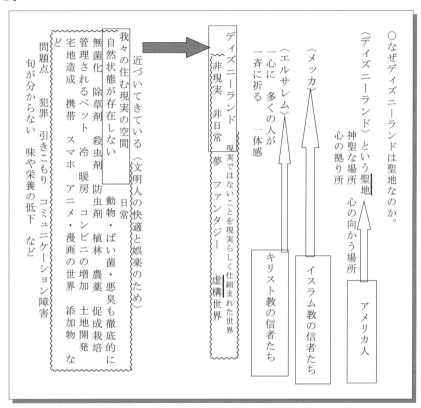

【発問】

①聖地とはどんな所か。

②普通聖地とはどんな所か。メッカ、エルサレムはどんな所か。

③ディズニーランドは、虚構世界、非現実、非日常の世界だが、現実の我々の住む世界が近づいてきているとはどういう状態を言っているか。考えられることを挙げよ。

B 2015年10月実践（全5時間）

1 本文通読。分からない語句の意味調べを家庭学習とする。

2　語句の意味の確認。(「人畜無害」「忌避」)ディズニーランドを生み出したウォル
　　　ト＝ディズニーの育った環境についてまとめる。
　　3　ディズニーランド内の植物と日本の伝統庭園との違いを比較する。
　　4　「我々の住む現実の空間がディズニーランドに確実に近づいている」具体例は何
　　　があるか挙げ、その問題点を考える。
　　5　なぜ「聖地」という言葉が使われているか考える。ウォルト＝ディズニーがディ
　　　ズニーランドを「世界でいちばん幸せな国」と信じて疑わなかったことに対して、
　　　あなたはどう思うか書く。
　　6　意見文をまとめてプリントし、まとめる。

　導入として、ディズニーランドの魅力を書かせたが、これははっきり二つに分かれる。
好きか嫌いかである。このことは筆者も指摘しており、「この「魔法の王国」を自分たち
の理想郷とみて、夢見心地になる人」[11]、「これを軽佻浮薄な子どもだましときめつけた眉をひ
そめる人」[12]の両極のタイプに分かれるという。「ディズニーランドそのものについてより
は、ディズニーランドをどう見るかに重点を置いて書いている」[13]のが本書なので、あまり
ディズニーランドそのものについてより、ディズニーランドの作られた背景や、その実
態についての考察に向いた方が良いだろう。また、筆者がディズニーランドをどう評価
しているのかを明らかにする過程も大切であろう。
　実践AとBの大きな違いは、意見文の書かせ方であり、Aは筆者の考えに対する意見、
Bはウォルト＝ディズニーに対する意見で、個人の幸福観が反映される。Aの実践では
筆者の意見に対する反対意見が多かった。筆者がディズニーランドを批判していると
取って、ディズニーランドを擁護する形となっている。実践Aでは、ディズニーの育っ
た環境（中西部の劣悪な自然環境、子供時代の新聞配達・行商など仕事しかしておらず、
遊びの経験が皆無だったことなど）ならこう考えるのも仕方がないだろうという意見が
主流を占めた。
　筆者は別にディズニーランドを否定しているわけではなく、ディズニーランドのあり
方について客観的に研究しているだけである。
　実践Bでは、ほとんどの生徒がディズニーランドを「地上でいちばん幸せな国」と思
わないとした。「ディズニーという人物の不気味さ」を理解するためには、この問いは
最適であろう。

❻反省と課題

　問い方が変わるだけで、全く教材の受け取り方が変わった実践であった。筆者の意見
についてどう思うかという問いはよくあるが、一見挑戦的、批判的にとれる意見の場合、

それへの反発という形でしか意見が書かれず、偏ってしまうことが分かった。冷静な文章の読解力、批判力を養うことも必要だが、問い方も吟味すべきだと切実に思われた。

引用文献
1）遠藤泰生，「能登路雅子先生をお送りする」，『東京大学大学院総合文化研究科地域文化研究専攻紀要17』，2012年，p101 ～ 103.
2）能登路雅子，『ディズニーランドという聖地』，岩波書店〔岩波新書〕，1990年，p143.
3）同上書，p143.
4）同上書，p244.
5）同上書，p245.
6）同上書，p141.
7）同上書，p141.
8）同上書，p204.
9）能登路雅子，『ディズニーの帝国　アメリカ製テーマパークの文化戦略』，「立教アメリカン・スタディーズ」27巻，2005年，p36.
10）同上書，p39.
11）能登路雅子，『ディズニーランドという聖地』，岩波書店〔岩波新書〕，1990年，p243.
12）同上書，p243.
13）同上書，p243.

9 「坊っちゃん」（夏目 漱石）の授業デザイン

[中学2・3年生]

（三省堂『現代の国語3』）

❶教材について

　「坊っちゃん」は中編小説であるが、教科書で取り上げられている箇所は、最初から清と松山へ赴任する際の駅での別れの場面までである。この部分だけが教科書に掲載されているのは、全編では長すぎることがあろうし、読書を促す読書教材として位置づけられている教科書が多いからであろう。

　この教材で何を中心に学習するかというと、俺の性格描写と清と俺との関係性やその理由、さらに書き手である俺はいつこの文章を書いているのかという3点に絞られる。比較的読みやすいものとして中学校で紹介されているが、ただ単に面白い話というより、描かれ方に注目して、その効果を探る授業が望まれる。

❷授業の実際（全4時間）

学習目標

1　近代の文学作品を読み、登場人物の行動や人柄、考え方について把握する。
2　書き手の意図を捉える。

授業展開

1　全文通読後、人物関係図を書く。発表させてまとめる。
2　おやじと俺のやりとりを押さえる。俺の無鉄砲な行動を挙げる。【板書①】
3　清はなぜ俺をかわいがったのか。身内にも周りの者にも相手にされなかったのに。【板書②】
4　駅での別れの際の清とのやりとりについて考える。【板書③】書き手はいつこの小説を書いているのかを探る。【板書④】

　人物関係図を書かせたところ、大変効果的であった。まず清の甥というのがどこに位置するのかが分からない生徒が多かった。書いている中で、それぞれの人物関係を書く必要に迫られ、読み取りが入ってくることになる。

【生徒の書いた人物関係図】

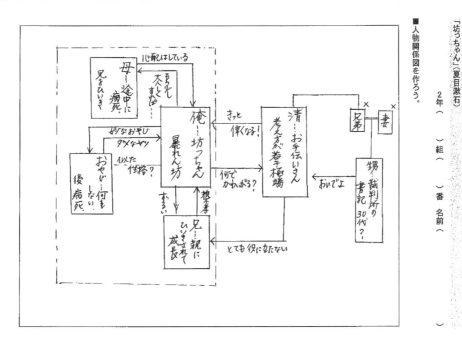

【板書①】

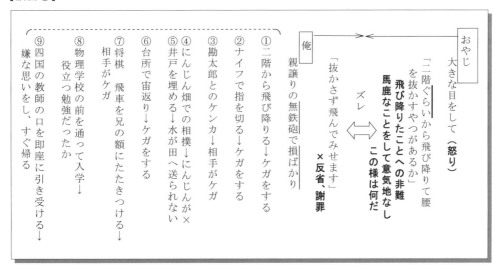

【発問】

①俺が校舎の二階から飛び降りて腰を抜かし、家におぶって帰ってもらった際、おやじは「大きな目をして」とあるがそれはなぜか。

②「二階ぐらいから飛び降りて腰を抜かす奴があるか」と言っているのは、どんな思い

で言っているのか。

③俺の「抜かさず飛んでみます」の答えはどんなものだと言えるか。

④俺の「親譲りの無鉄砲で損ばかり」の行為をあげよう。無鉄砲な行為は何で、損は何か。

【板書②】

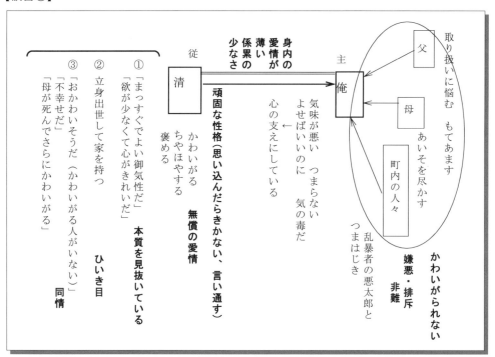

【発問】

①俺は身内や周りの人にどんな扱いを受けていたか。まとめるとどんな言葉になるか。

②それに対して清はかわいがる、ちやほやする、褒めると全然違う。なぜ清は俺に対してそうしたのか。理由を本文の叙述から探せ。

③清と俺の共通点は何か。

④俺は最初こそ気味が悪いと言いながら、あとではどう変わっているか。

【板書④】

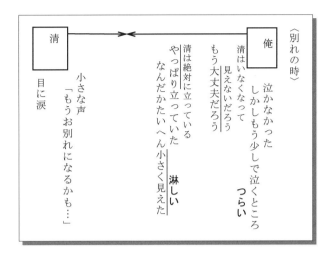

【発問】

①松山に行く際、駅での別れの場面で、清はとても悲しそうな様子を見せている。俺は「泣かなかった。しかしもう少しで泣くところだった」と素直に言っている。「もう大丈夫だろう」と言っているが、どういうことか。

②「やっぱり立っていた」の「やっぱり」は俺のどんな思いを表現しているのか。

③「なんだかたいへん小さく見えた」は俺のどんな思いを表しているのか。

【板書⑤】

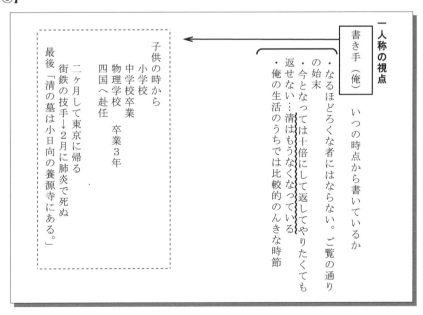

【発問】

①書き手は誰か。

②俺はいつの時点でこの文章を書いているか。わかる部分を探せ。

③実際に駅で別れたあと、四国へ赴任するが、それも二ヶ月あまりの出来事で、東京に
　戻り、街鉄の技手になる。小説の最後の一文の紹介。

10 「羅生門」（芥川 龍之介）の授業デザイン

（明治書院『精選　言語文化』）

❶今までの授業展開

高木まさき（2005）は、

> 教師はまず、「作品の末尾に『下人の行方は誰も知らない。』とあるが、下人は実際はどうなっ たのか。」など、作品全体を見渡せ、学習の目的が明確になる課題を一つ設定する[1]。（傍線・稿者）

という方法を提案していた。それに則り、次のような全体課題・学習の目的を立てた。

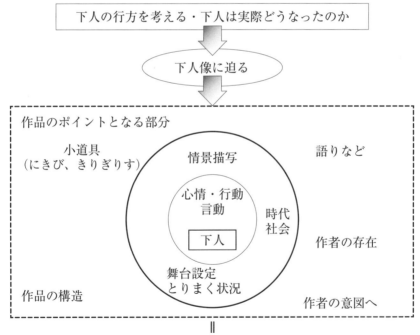

授業の流れは、

　第1時　全文通読・一読しての感想・疑問等を書く。

　第2時　初読の感想を一覧表にしたものを見合った後、下人のその後を予想し、それ
　　　　を検証する項目を考える。

第3時　項目の一覧を見て、グループなり個人なりで検証していく項目を決定する。

第4時〜第6時　グループ・個人での検証作業、図書館での調べ学習をする。

第7時〜第10時　検証した内容を印刷した者を元に、質問カードを書き合い、検討する。印刷した冊子を元に全体での確認を行う。

第11時　学習を終えての感想を書き、一読後の感想と比較して、どこが変わったのか、なぜ変わったのかを自己評価する。

　予測を行う事を授業展開の中に位置づけ、最終的な目的につながることを自覚させていったことや、テクストの叙述を元にしたり、テクストの全体像を押さえた上での意見交流が可能になったなど成果はあがったが、問題は授業時間がかかりすぎる点であった。

❷新しい授業展開（全7時間）

学習目標

1　作者の視点の変化を捉え、その効果を探る。

2　小道具、比喩表現の役割や効果を考える。

3　最後の一文の改稿について考える。

授業展開

　第1時　全文通読後、「この小説をどんな話だと読んだか」「印象的だった部分」を理由と共に書かせる。【ワークシートA】

【ワークシートA】

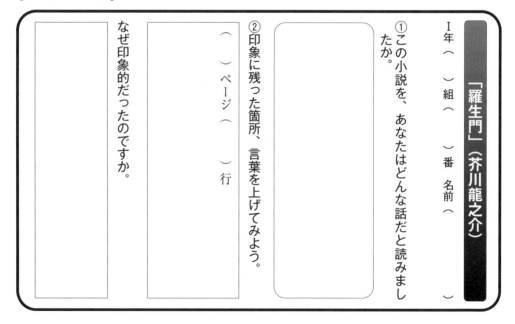

この小説をどんな話と読んだかの生徒の反応としては、

①迷っていた下人が、老婆の話により、心変わりして盗人になる話。

②人はいとも簡単に、生きるためには悪に転ぶ。無秩序な社会における人間の醜さをあらわした話。

③極限状態におかれた人々の素の心情が表れる話。

④善悪、正しい、正義とは何かを問う話。

⑤悪いことをすれば自分に返ってくる。因果応報。

⑥下人の心情がころころと変化する愚かさや滑稽さを感じながらも下人と自分を比較した時、程度の違いこそあれど同じようなものではないかと考えさせられる話。

が挙がった。⑥は主題だと考えられるが、ここまで初読で書けている生徒は一人のみであった。

第2時　冒頭の一文と下人の置かれた状況を確認する。【板書①】

【板書①】

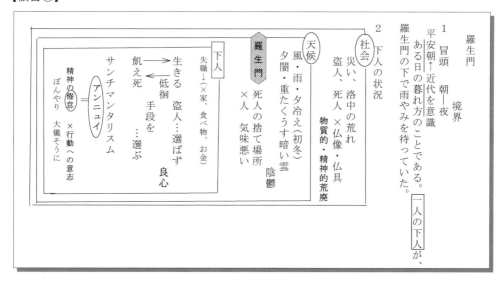

【発問】

①書き出しの特徴は何か。

②下人はどんな状態か。

③下人がいる周りの状況はどんなものか。社会、天候、羅生門と挙げよ。

④生きるか飢え死かを低徊していた下人だが、なぜそこで迷っていたのか。

⑤「サンチマンタリスム」とあるが、この言葉と対応する言葉を文中から探せ。

第3・4時

【板書②】

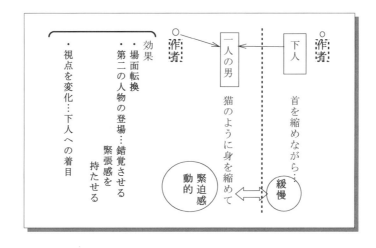

【発問】

①「一人の男」とは誰。なぜ「一人の男」としているのか。効果は何か。

②作者の視点はどこにあるか。

③【ワークシートB】に下人が盗人になる勇気が出なかったのに、盗みをするに至った
　理由を書き入れ、発表する。【板書③】

【ワークシートB】

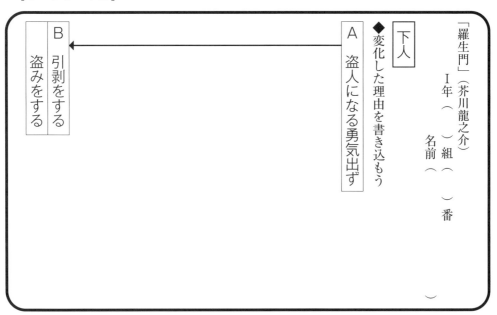

【板書③】【ワークシートB】と同じものを板書した完成版

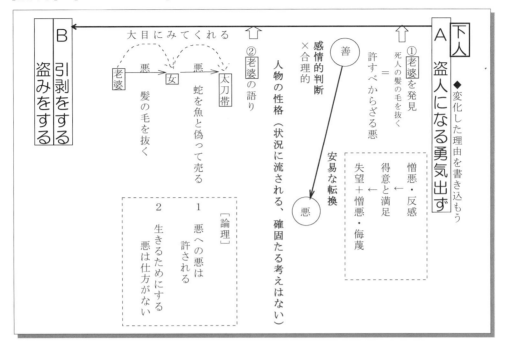

第5時　にきびの役割、比喩表現を確認する。【板書④】【板書⑤】

【板書④】

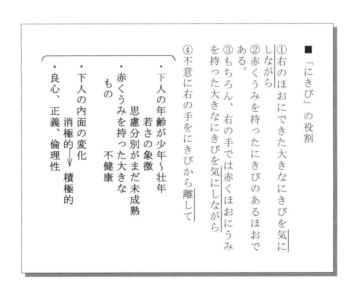

【発問】

①「にきび」の描写を探せ。

②「にきび」とは一般的にどんなものであるか。

③④で突然変化することから考えると、「にきび」とは何を象徴しているか。

【板書⑤】

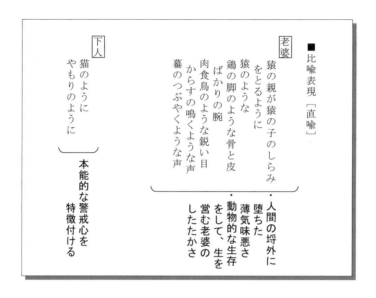

■ 比喩表現［直喩］

老婆

墓のつぶやくような声
からすの鳴くような声
肉食鳥のような鋭い目
ばかりの腕
鶏の脚のような骨と皮
猿のような
猿の親が猿の子のしらみ
をとるように

・人間の埒外に
堕ちた
・薄気味悪さ
・動物的な生存
をして、生を
営む老婆の
したたかさ

下人

猫のように
やもりのように

本能的な警戒心を
特徴付ける

【発問】

①老婆の比喩表現を指摘せよ。

②共通点は何か。これらの比喩表現で、老婆の何をあらわそうとしたのか。

第6・7時

【板書⑥】

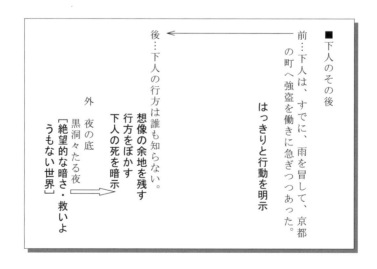

■ 下人のその後

前…下人は、すでに、雨を冒して、京都
の町へ強盗を働きに急ぎつつあった。

はっきりと行動を明示

後…下人の行方は誰にも知らない。

想像の余地を残す
行方をぼかす
下人の死を暗示

外

夜の底
黒洞々たる夜
［絶望的な暗さ・救いよ
うもない世界］

【発問】

①最後の一文「下人の行方は誰も知らない。」の効果を改稿前と比較して考える。

【板書⑦】

「境界の文学」
暮れ方……昼と夜
羅生門……洛中と洛外
　　　　　善と悪
　　　　　生と死

【発問】

①この話は「境界の文学」と言われる。境界はどこにあるか探せ。

【板書⑧】

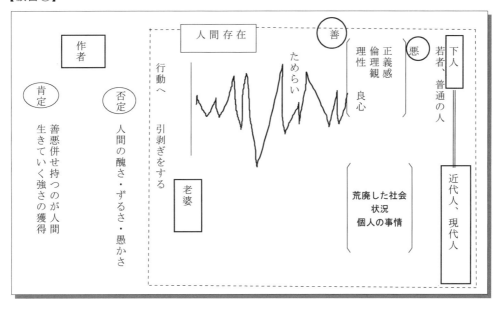

【発問】

①この小説が描こうとしたものは何か、文章にまとめよ。

②発表させていく中で、板書にまとめる。

下人と自分たち現代人との共通点に思い至ることが出来れば、小説世界に迫れたことになるのではないか。

引用文献
１）髙木まさき，「『読むこと』の改善から始める『国語総合』の指導計画」，『東書教育情報ニューサポート　高校国語』，2005年，p4.

11 「山月記」（中島 敦）
の授業デザイン　　　　　　　　　　　　　　　　　［高等学校２年生］

（三省堂『高等学校　現代文B　改訂版』）

❶教材について

　中島 敦は、父親が漢文の先生だったこともあり、漢文学に長けていた。「山月記」の最初の部分でも、漢文訓読調の調べが心地よい。無駄を削ぎ落したその文章は名文の部類に属するであろう。「文字禍」「李陵」なども秀逸な作品である。ぜひ読んでほしいものである。

　高校二年生で定番の小説だが、人間が虎になるという奇想天外な筋に生徒はまず衝撃を受ける。読み終わった後の、なんとも言えない深い沈黙がそれを物語っている。次に挙げるワークシートに印象的なフレーズを書き出してもらっても、人間はだれでも猛獣使いであるという所や最後の袁傪との別れの場面が多くあがる。

　「山月記」と「人虎伝」の比較から言えることなど、グループ学習も何度か試みたが、読み深めていくことが年々難しくなってきた。それだけ何か手立てを与えるなどをしないと読み込めない文章であるということだろう。

　そこで、以下はいわゆる一斉授業の形式を挙げてみる。

❷授業の実際（全８時間）

学習目標

1　細部の表現に注目し、その意味を小説全体の解釈につなげる。
2　小説の構造に留意し、物語る行為そのものが持つ意味を汲み取る。

授業展開

　第１時　「隴西の李徴〜誰もなかった。」までを範読。その後は生徒による指名通読。
　　　　　【ワークシートA】に印象的なフレーズを書き出し、感想を書く。周りの生徒との交流。

【ワークシートＡ】

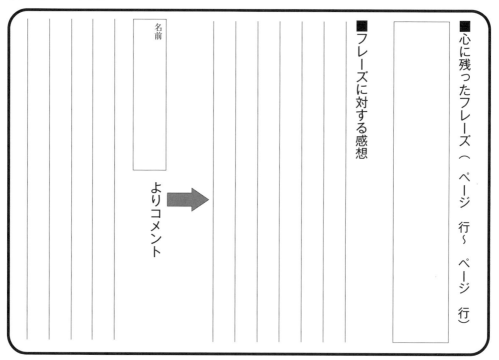

第２時 【資料】感想一覧を配布。□の読解。

【資料】感想一覧
■23ページ５行〜６行

> 後で考えれば不思議だったが、そのとき、袁傪は、この超自然の怪異を、実に素直に受け入れて、少しも怪しもうとしなかった。

①親しい友であったために、何か通じるものがあったのだろう。このフレーズから、袁傪と李徴の友情の深さが伺える。

②虎が人語を操っていることや、それがかつての友だということを素直に受け入れ、怪しもうとしないのが不思議だし、すごいとも思う。

③まず虎を見てまさか人だとは思わないだろう。

■24ページ８行〜９行

> しかし、そのとき、目の前を一匹のうさぎが駆け過ぎるのを見たとたんに、自分の中の人間はたちまち姿を消した。再び自分の中の人間が目を覚ましたとき、自分の口はうさぎの血にまみれ、辺りにはうさぎの毛が散らばっていた。

①「自分の中の人間が……」と、暗喩を使っている。また「ウサギを喰い殺した」と直接書かないことで、その間は虎となっていて（人間としての）意識がないということ

80

を表すと共に、その場面の恐ろしさを強調する効果があると思う。

■25ページ6行～7行

> いったい獣でも人間でも、元は何か他のものだったんだろう。初めはそれを憶えているが、しだいに忘れてしまい、初めから今の形のものだったと思いこんでいるのではないか。

①自分は人間であるという私たちが当たり前と考えている事に対して、本当にそうなのかと問いかけられている気がします。思い込みにより、初めはわかっていたことを忘れてしまうのは悪いことばかりではないけれど、そのままそれを受け入れてしまうのは哀しい。

■25ページ9行～13行

> おれの中の人間の心がすっかり消えてしまえば、恐らく、その方がしあわせになれるだろう。だのに、おれの中の人間は、そのことをこの上なく恐ろしく感じているのだ。……この気持ちはだれにもわからない。だれにもわからない。おれと同じ身の上になった者でなければ。

①李徴の大きな苦しみがひしひしと伝わってくる。自分の意識が消え去ってしまう。知らぬ間に故人を裂き喰らっても何とも思わない。いつか自分がそのような存在になってしまう李徴の嘆きが悲痛で切ない。

②ものすごく複雑な感情だと思った。幸せという言葉が強調されて書かれているが、とても効果的で、李徴の絶望や自らへの皮肉が感じられた。また、人間の心に戻ったときに、自分が人や動物を殺して食しているのを思い出すというのは、どんなに恐ろしく悲しいことだろうと思った。

③現実的理想と自分の思いが矛盾するのは仕方がないとは思う。どうなることが幸せなのか考えさせられた。今は人間の立場だから、おそれているが、その心を失ってしまえばそれさえも思わなくなる。人間でいたいと思うのなら、恐ろしいと思えていることも幸せなのかもしれない。

④自分でも初め虎になったのを見て、目を信じることが出来なかった。だが、理由も分からず生きていくのが生き物の定めだと思い、虎として生きることを決心した。そして孤独感、他人にはわかることのない気持ちが表現されているこの部分が印象に残った。

■26ページ4行～7行

> なにも、これによって一人前の詩人面をしたいのではない。作の巧拙は知らず、とにかく、産を破り、心を狂わせてまで自分が生涯それに執着したところのものを、一部なりとも後代に伝えないでは死んでも死にきれないのだ。

①芥川龍之介の地獄変といい、芸術家というものはいっそ哀れなほど執念深いなあと思う。

■26ページ11行〜13行

> しかし、このままでは、第一流の作品となるのには、どこか（非常に微妙な点において）欠けるところがあるのではないか。

①〜があった、という表現はたくさんあったが、欠けていたとはどこにもなかったので、気になった。とりわけ才能があった李徴だからこそあったものによってみんな持っている筈の何かが欠けてしまったのではないかと思う。

■28ページ10行〜13行

> 人間はだれでも猛獣使いであり、その猛獣に当たるのが、各人の性情だという。おれの場合、この尊大な羞恥心が猛獣だった。虎だったのだ。これがおれを損ない、妻子を苦しめ、友人を傷つけ、果ては、おれの外形をかくのごとく、内心にふさわしいものに変えてしまったのだ。

①まだ自分は自分の性格を飼い慣らせていないと最近感じていて、それが印象に残った。ただ猛獣使いはムチあって成り立つようなものに思える。上手くコントロールすることは自分の精神にダメージを与える事になるかもしれない。

②李徴が詩によって名をなすために、尊大な羞恥心を持ち、これが猛獣だったように、各人は性情を持つ。だが、はるかに乏しい才能でも、ひたすら努力すれば、堂々とした詩家になることが出来るのだから、自分の才能を磨くことが大事。

③李徴が虎になった原因が書かれていると思う。

④本来普通の人なら自分の人間としての姿が亡くなり、虎の姿なんかになってしまったら、どうしてこうなったのかと落ち着いて深く考える事は出来ずに、ただただ慌てふためいて諦めると思う。でも李徴は虎になった理由を冷静に考え、自分が人間であった時の性格・考え方の反省まで出来ているのが、一般人とは違うなあと思い、心に残った。

■29ページ1行〜2行

> おれよりもはるかに乏しい才能でありながら、それを専一に磨いたがために堂々たる詩家になった者がいくらでもいるのだ。

①李徴は才能があったのに過信しすぎたがために努力して詩家になった人に追い抜かれてしまった事を自嘲して言っています。だからせっかく才能があるのに努力しなかったら宝の持ち腐れだなあと思いました。

■29ページ12行〜14行

> 人間だったころ、おれの傷つき易い内心をだれも理解してくれなかったように。おれの毛皮のぬれたのは、夜露のためばかりではない。

①涙もあったのだろう。

■29ページ15行〜16行

> ようやく辺りの暗さが薄らいできた。木の間を伝って、どこからか、暁角が哀しげに響き始めた。

①古くからの友人にやっと再会できたのにもかかわらず、無情にも時は刻々と過ぎていき、切なさを感じる。どこか物語の空想のような世界にいる二人の世界が終わろうとしている瞬間であろう。それぞれ李徴は虎としての現実に戻り、袁は古い友を忘れ、現実の世界に戻っていくだろう。逃れられない二人の現実を哀しく物語っている。

■30ページ2行〜7行

> だが、お別れをする前にもう一つ頼みがある。……厚かましいお願いだが、彼らの孤弱をあわれんで今後とも道途に飢凍することのないように計らっていただけるならば、自分にとって恩倖、これに過ぎたるはない。

①自分の事より妻子を心配して述べた李徴の言葉であり、妻子を大切にする心は虎になってもあるところに李徴を少し見直した家族を心配している。

②この身なりになってまでも家族のことなんか心配するんだなーって思った。

③これを言った時の李徴の気持ちが痛く伝わってくる一文だったから。最も愛する妻子にももう会えず、苦しみながらこの頼みを口にする時どれだけつらかった事だろうか。李徴は峻峭な性情の持ち主であるが、その反面大切な人のことを心の底から愛す、そんな優しい人なのだと思う。最後に友にこの道を通るなと言っているところからも分かる。もう一生会えない、そう思った李徴のつらい気持ちを抱えて言った重要な一文であり、心に響いた。

■30ページ11行〜13行

> 本当はまず、このことの方を先にお願いするべきだったのだ。俺が人間だったなら。飢え凍えようとする妻子の事よりも、己の乏しい詩業のほうを気にかけているような男だから、こんな獣に身を堕とすのだ。

①李徴は虎なのか人間なのか判断し難いけれど、やはり人間なのではないかと思う。人間の心を持っているからこそ自分の思考、心の醜さに苦悩し続けることになり、心をなくしてしまえば苦しむことはなくなり、幸せになれると思いながらも人間でありたいと願う李徴の苦悩が現れていると思う。

②自分の詩の事を第一に心配していた李徴はよほど未練があったのだと思う。李徴の姿が虎ではなく人間のままでも妻子より自分優先で考えていると思った。

③取り返しの付かない状況になって初めて自分の過ちに気づき、反省している虎の気持ちがよく表れていると思った。

■31ページ2行〜3行

> 我が醜悪な姿を示して、もって、再びここを過ぎて自分に会おうという気持ちを君に起こさせないためであると。

①袁傪が再び自分に会いに来る可能性を考えているから。

②李徴の相当な覚悟を感じ取る事が出来た。

③決して本心でないことを自分の身を考慮して友達を突き放した。とても感動する場面

だと思います。

④自分ではちょくちょく会いたいだろうに、友を気遣っている李徴の優しさ。

⑤とても悲しい場面だと思いました。李徴にとって自分の姿を認めるのもつらいし、袁傪にとっても友の苦しい決断を受けるのはつらかったと思う。それにしても李徴は冷静だと思いました。普通は友人に自分の醜い姿を見せ、近寄らないようになんて考えないと思います。李徴は意外と友達思いな人かなと考えました。

■31ページ4行～6行

> 袁傪は叢に向かって、懇ろに別れの言葉を述べ、馬に上った。叢の中からは、また、堪え得ざるがごとき悲泣の声が漏れた。袁傪も幾度か叢を振り返りながら、涙のうちに出発した。

①昔の友との信じがたい再会の後、事情を聞き、妻子への伝言を受け取り、もう出会うことのないであろう友との別れの寂しさを如実に表している場面です。

■31ページ8行～10行

> 虎は、既に白く光を失った月を仰いで、二声三声咆哮したかと思うと、また、もとの叢に躍り入って、再びその姿を見なかった。

①李徴が袁傪に別れを告げて去っていくシーンが印象的だった。

②白く光を失った月というのが李徴の今の気持ちを抽象的に表していると思う。二声三声咆哮したのは袁傪に向けた最後の別れの言葉を言っているように思えた。このフレーズは李徴のかなしみも袁傪のさびしさも一番強く表れているフレーズだと思う。

③白く光を失った月というところがすこし哀しい感じがしたから。見なかったというところの言い方が普通と違っていたから。

【板書①】

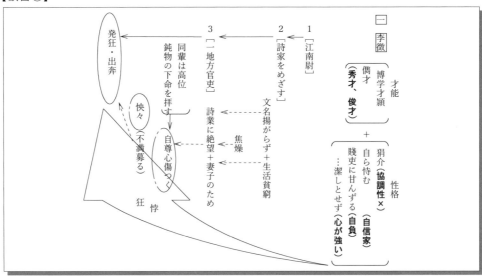

【板書②】

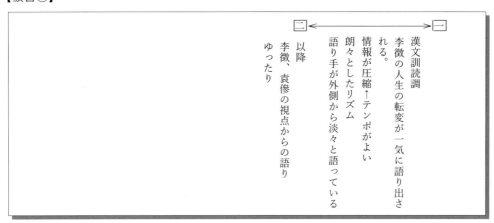

一　李徴の人生の転変が一気に語り出される。

漢文訓読調

語り手が外側から淡々と語っている
朗々としたリズム
情報が圧縮↑テンポがよい

二　以降
李徴、袁傪の視点からの語り
ゆったり

【発問】

①李徴の性格・才能について述べている部分を抜き出せ。【板書①】

②李徴の人生はどう変遷していったか。

③その時の心情を示す言葉を探せ。

④発狂に至ったのはなぜだと考えられるか。

⑤これから以降の語り口は変化している。その変化とは何か。【板書②】

　　第3時　二袁傪との出会いを読解する。

【板書③】

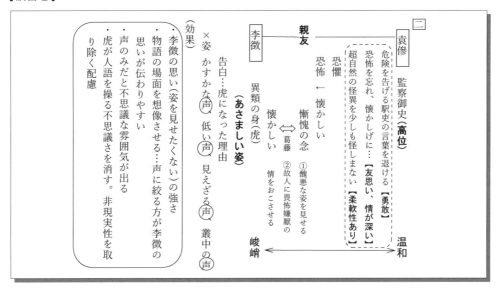

二

袁傪：監察御史（高位）　　　　　　　　　温和

危険を告げる駅吏の言葉を退ける【勇敢】
恐怖を忘れ、懐かしげに…【友思い、情が深い】
超自然の怪異を少しも怪しまない【柔軟性あり】

　　恐怖
　　恐懼　←　懐かしい
　　　　　　慚愧の念　⇔　懐かしい　　峻峭
　　　　　　　　　葛藤　　②故人に畏怖嫌厭の
　　　　　　①醜悪な姿を見せる　　情をおこさせる

李徴

親友　　　　　　異類の身（虎）

（あさましい姿）
告白…虎になった理由
×姿　かすかな声　低い声　見えざる声　叢中の声

（効果）
・李徴の思い（姿を見せたくない）の強さ
・物語の場面を想像させる…声に絞る方が李徴の
　思いが伝わりやすい
・声のみだと不思議な雰囲気が出る
・虎が人語を操る不思議さを消す。　非現実性を取
　り除く配慮

11　「山月記」（中島 敦）の授業デザイン　85

【発問】

①袁傪の人物像がわかる表現を探せ。

②袁傪と李徴の違いは何か。

③李徴は袁傪と出会い、どんな心情であったか。慚愧の念とは何か。

④李徴が語った声の表現を抜き出せ。

⑤姿を見せず、声のみで語られている効果は何か。

　　第4時　三の読解。

【板書④】

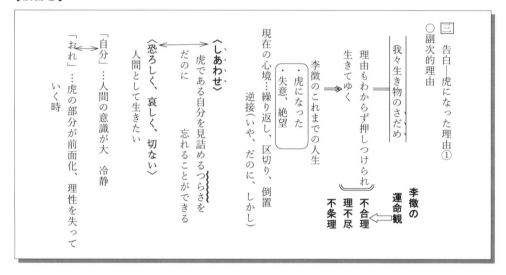

【発問】

①李徴は虎になった理由を何だと言っているか。

②訳も分からず押しつけられることを三字熟語で何と言うか。

③現在の心境を告白する李徴だが、表現上の特徴がある。探せ。

④「しあわせ」といいながら「恐ろしく、哀しく、切ない」と言っている。それぞれど
　ういう心情か。言葉で説明せよ。

⑤「自分」と「おれ」が使い分けられている。どう違うか。

　　第5時　四　「臆病な自尊心」「尊大な羞恥心」の内容を探る。

【ワークシートB】

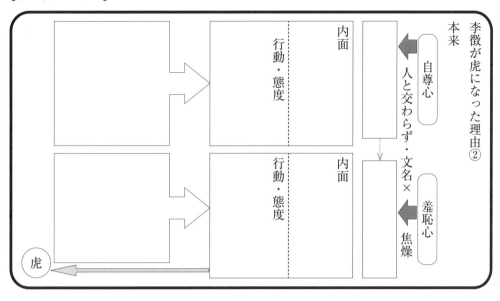

【ワークシートBを完成させた板書】

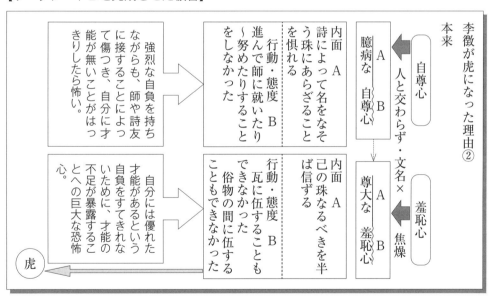

【発問】

①【ワークシートB】をする。

②「臆病な」「自尊心」「尊大な」「羞恥心」それぞれを表現しているものを探せ。

③自身の言葉で説明せよ。

第6時　李徴の即席の詩を鑑賞する。

【板書⑤】

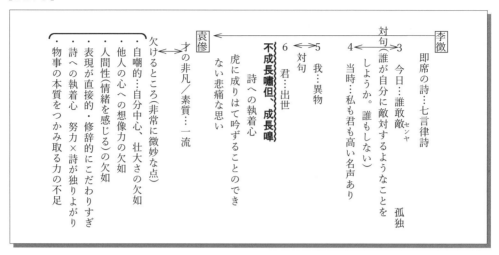

【発問】

①李徴の詩は、対句表現がある。抜き出せ。

②「ンヤ」はほとんど反語に訳す。口語訳せよ。

③「**不成長嘯但、成長嘷**」の思いをノートに書け。

④袁傪は李徴の詩を非凡で一流と考えているが、「欠けるところ」とは何か。具体的に
　言葉にしてみよう。

第7時　五袁傪との別れの場面の読解。

【板書⑥】

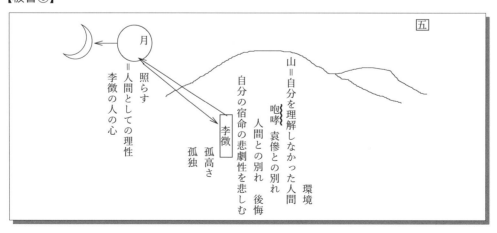

【発問】

①山や月が象徴しているものは何か。

②李徴の咆哮はどんな思いが表れているか。

③【ワークシートC】をする。

【ワークシートC】

山月記（中島敦）

■最後に李徴が虎の姿を見せたのはなぜか。袁傪との出会いなど、全体を踏まえて一文で述べよ。

■中国「人虎伝」をもとにして、中島敦は「山月記」を書いた。中島のオリジナルは、虎になった理由が「臆病な自尊心と尊大な羞恥心」であること、詩を披露するのが妻子のことよりも先であること、月の描写である。

中島敦はこの「山月記」で何を伝えたかったのか。

【ワークシートCをまとめた資料】

「山月記」（中島敦）　まとめ

■「最後に李徴が姿を見せた理由」■

○李徴が人間の心を持った時に執着し続けていた詩を李徴にとって特別な存在だった袁傪に頼んで残してもらうことができ、また自分が虎になった理由である自分の性情についても袁傪に語ることができ、人間に対する執着がなくなり、さだめを受け入れるよう決心がついたから。

○袁傪と出会ったことで、最後に人間としての思いを伝えられたため、虎という醜悪な姿をさらすことでいままでとらわれていた臆病な自尊心と尊大な羞恥心から自分を解放し、人間であった時の心残りを少しでもなくし、完全な虎になろうと思ったから。

■「山月記」で作者が伝えたかったこと■

○人間の内面に存在する心理を様々な形で表現して、人間が本質的に持つ卑しい部分、醜悪な部分を表現している。

○自分の内面を克服できず、執着だけ残った苦しみ。

○人間の「飼っている」臆病な自尊心は、人間としての心を持っている限り捨てきれないこと。

○近代人の持つ自意識の分裂。悲しみ。

○詩人の芸術的苦悩。

第8時　ワークシートをまとめた資料を提示。中島敦は虎になるという虚構で何を描こうとしたのかを問う。

【板書⑦】

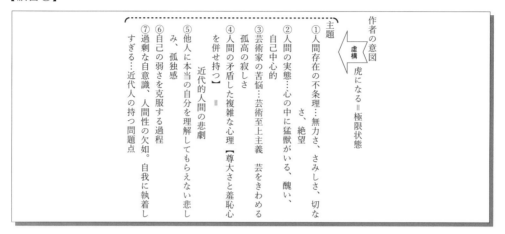

　　　李徴は、「才能の不足」を暴露してしまうことを恐れ続けていた。実に皮肉なことに、自分を粉飾しようとした告白において、彼は詩人としての大成を阻む致命的な「不足」を暴露してしまうのである。彼は、自分が大成しなかったのは、努力を惜しみ、詩友と切磋琢磨しなかったからだという。しかし、李徴は努力では補いきれない、人間としての根本的な部分で致命的な欠点を持っていた。[1]

　この指摘からもわかるように、自己分析をしているように見えて、実は自己の欠点を隠蔽しようと告白した李徴であるとの指摘は、面白い。

　　　李徴は、人間としての最後の瞬間においてまで、少しも自尊心から解放されてはいない。おそらく、李徴が自尊心から解放されることは永久にあるまい。李徴の苦しみは永遠に続くのである。[2]

　なんとも言えない読後感の正体は、この救いようのない悲劇を感じ取ったからかもしれない。

引用文献
1）柳沢浩哉，「『山月記』の五つの謎——撞着語法と対照法の罠——」，『国文学攷』179号，広島大学国語国文学会，2003年，p14.
2）同上，p15.

12 「『である』ことと『する』こと」（丸山 真男）の授業デザイン

（三省堂『高等学校　現代文B　改訂版』）

❶教材について

　定番の評論文であるが、読解はなかなか容易ではない。現代に生きる生徒には難解と思われる語句や内容が多く出てくる。1958年の講演内容を元に要約加筆、改稿を経てのもので、半世紀も前の文章でもある。しかし、それらを押しても、「する」論理が重視されているはずの現代の日本においても、「である」論理が社会の中で未だに混乱を引き起こしていることを考えれば、この二つの論理で社会を分析する思考方法は、生徒にとって相当に意味があることだと考えられる。特に自らの生きる現代社会をこの論理で客観的に見つめる視点を養うことこそが、この教材の主眼と言っていいのではないだろうか。

　このことは、「論理国語」の２目標（３）の解説にある「現代社会に関する話題や問題に幅広く関心をもち、生涯にわたる読書習慣の基礎を築き、社会人として、考えやものの見方を豊かにすることを目指していく。」に合致している。

　以下のような小見出しがつけられているものに、授業者が 一 〜 九 の段落番号をつけている。

　　一　「権利の上に眠る者」
　　二　近代社会における制度の考え方
　　三　徳川時代を例にとると
　　四　「である」社会と「である」道徳
　　五　業績本位という意味
　　六　日本の急激な「近代化」
　　七　「する」価値と「である」価値との倒錯
　　八　学問や芸術における価値の意味
　　九　価値倒錯を再転倒するために

❷授業の実際（全8時間）

学習目標

　1　本文に用いられている概念や論理を的確に理解する。

　2　「である」論理と「する」論理を使って、現代社会にある問題点を見つめる知性
　　を身につける。

　3　二つの論理を使って自分の考えを書くことによって、ものの見方や考え方を身に
　　つける。

授業展開

　第1時・2時　通読後、序論の内容を読み取る。「である」と「する」がなぜ出てき
　　　　　　　　たのか、本論で述べる意図を把握する。【ワークシートA】を使用する。

【板書①】

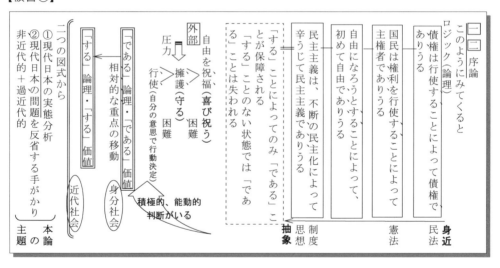

【発問】

①「このようにみてくると」の「このように」がさしている内容は何か。

②「主権」「自由」「民主主義」のそれぞれを「債権は行使することによって債権であり
　うる」と同じ形で、文章を作ろう。

③これらはだんだんどんなものに変化しているか。

④自由は祝福、擁護、行使でだんだん困難になるのはなぜか。

⑤「である」論理・「である」価値と「する」論理・「する」価値に対応することばを抜
　き出せ。

⑥この二つの図式をもって今日述べようとするのは何か。二つ挙げよ。

【ワークシートＡ】

二 近代社会における制度の考え方
■語句の読み、意味
①内奥（　　）意味＝
②謳歌（　　）意味＝
③相対的＝物事が他との比較において、そうである様。他と関連させてみて、初めてその存在が考えられること。

↕
（　　）的

(1) 164ページ上14行
逆に、自分が「とらわれている」ことを痛切に意識し、自分の「偏向」性をいつも見つめている者は、なんとかして、より自由に物事を認識し判断したいという努力をすることによって、相対的に自由になりうるチャンスに恵まれていることになります。

(2) 165ページ上4行
身分社会を打破し、あらゆるドグマを実験のふるいにかけ、政治・経済・文化などいろいろな領域で「先天的」に通用していた権威に対して、現実的な機能と効用を「問う」近代精神のダイナミックスは、まさに右のような「である」論理・「である」価値から「する」論理・「する」価値への [相対的な] 重点の移動によって生まれたものです。

④■重要な語句、筆者の造語・キーワード
「制度の自己目的化」（164ページ下3行）
⑤「非近代的」（165ページ下11行）
⑥「過近代的」（165ページ下12行）

【ワークシートＡ】の完成版

二 近代社会における制度の考え方
■語句の読み、意味
①内奥（ないおう）意味＝内部の奥深いところ
②謳歌（おうか）意味＝声をそろえて褒め称えること。
③相対的＝物事が他との比較において、初めてその存在が考えられること。他と関連させてみて、初めてその存在が考えられること。

↕
（絶対）的

(1) 164ページ上14行
逆に、自分が「とらわれている」ことを痛切に意識し、自分の「偏向」性をいつも見つめている者は、なんとかして、より自由に物事を認識し判断したいという努力をすることによって、相対的に自由になりうるチャンスに恵まれていることになります。
「自分が自由であると信じている人間」「自身のそれ以前の状態」

(2) 165ページ上4行
身分社会を打破し、あらゆるドグマを実験のふるいにかけ、政治・経済・文化などいろいろな領域で「先天的」に通用していた権威に対して、現実的な機能と効用を「問う」近代精神のダイナミックスは、まさに右のような「である」論理・「である」価値から「する」論理・「する」価値への [相対的な] 重点の移動によって生まれたものです。不断の動態である
完全に移動していない

④■重要な語句、筆者の造語・キーワード
「制度の自己目的化」（164ページ下3行）本来、ある目的を実現するための手段であった制度がそれ自体の存続や発展を目的とすること。制度自体が絶対化すること。
⑤「非近代的」（165ページ下11行）本来「する」論理・価値であるべき部分が「である」論理・価値が大きな位置をしめていること。
⑥「過近代的」（165ページ下12行）「である」論理・価値が必要な部分まで「する」論理・価値がさばっていること。

第3時　三　四　五を通読後、封建社会と近代社会の違いとその変遷を読み取る。

【板書②】

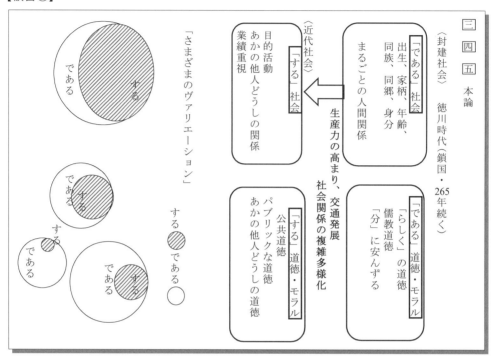

【発問】

①徳川時代はどんな時代であったのか。

②「である」社会と「する」社会にあてはまる言葉を探せ。

③「である」道徳・モラルと「する」道徳・モラルを確認する。

④「である」社会から「する」社会に移行した原因は何か。それはどういうことか。

⑤「さまざまのヴァリエーション」とはどういうものか。図式化せよ。

　第4時　六　七を通読後、「する」価値と「である」価値との倒錯を読み取る。「」に
　　　　込められた筆者の思いを探る。混乱の原因をあげ、「根を張る」「セメント化」
　　　　の比喩表現の意味を考える。作者が挙げてある倒錯した例を挙げ、その中身を
　　　　具体的に「する」「である」の観点から確認する。

【板書③】

六
日本の急激な○近代化
近代日本のダイナミックな○躍進　⇔　近代化について懐疑的

日本の近代の○宿命的な混乱
人為によって回避できたのではと自己反省している
「」に込められた筆者の思い

[原因]
「する」価値の猛烈な勢いの浸透
強靭に「である」価値が根を張る　⇔　水面下で根強く残っていて　壊れない

「する」原理をたてまえとする組織　表向きの原則　セメント化　強固に固められてしまう
「である」社会のモラル

【発問】

①「日本の急激な『近代化』」「近代日本のダイナミックな『躍進』」になぜわざわざ『』をつけたのか。

②「日本の近代の『宿命的』な混乱」の『』はなぜついているのか。

③混乱の原因は何か。二つ挙げよ。

④「根を張る」「セメント化」の比喩表現を言い換える。

【板書④】

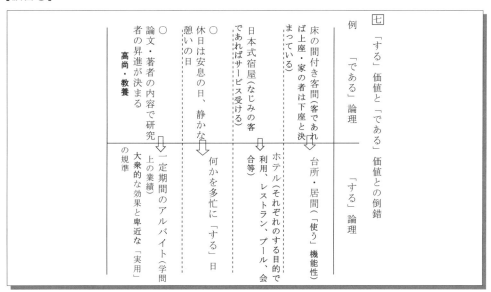

七
「する」価値と「である」価値との倒錯

例
「である」論理　　「する」論理

床の間付き客間（客であれば上座・家の者は下座と決まっている）→ ホテル（それぞれのする目的で利用、レストラン、プール、会...）
台所・居間（「使う」）機能性

日本式宿屋（なじみの客であればサービス受ける）→ （合等）

○休日は安息の日、静かな憩いの日 → 何かを多忙に「する」日

○論文・著者の内容で研究者の昇進が決まる → 一定期間のアルバイト（学問上の業績）大衆的な効果と卑近な「実用」
高尚・教養 → の規準

【発問】

①「である」論理と「する」論理として挙げられている例を表にしてみよう。

②なぜそれらの例は「である」論理、「する」論理といえるのか。

③４つの例のうち、筆者が「である」論理の方がよいと考えているのはどれか。○をつけよ。

第５時・６時

　　八　九を通読後、価値倒錯を再転倒するための筆者の主張を読み取る。「である」「する」の例を挙げ、表にまとめる。価値倒錯の再転倒の状態を図式化する。

【板書⑤】

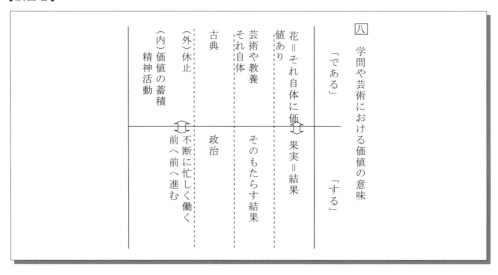

八　学問や芸術における価値の意味

	「である」	「する」
	花＝それ自体に価値あり	果実＝結果
	それ自体	そのもたらす結果
	芸術や教養	政治
	古典	
	（外）休止	不断に忙しく働く ⇕ 前へ前へ進む
	（内）価値の蓄積　精神活動	

【板書⑥】

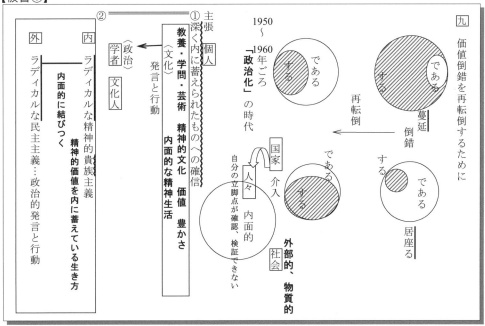

【発問】

①価値倒錯の状態はどんなものであったのか。図式化しよう。それを転倒するのだから
　どうなるのか。

②「政治化」とは何か。

③筆者の主張は2つある。まとめてみよう。

④「深く内に蓄えられたもの」とは何か。前段落でいうとどれか。

⑤「ラディカルな精神的貴族主義」とは言い換えるとどういう生き方か。

⑥2つの主張は、それぞれ誰に向けて言っているのか。

　　第7時　A「である」価値の否定し難い意味を持つ部面に「する」価値が蔓延してい
　　　　　るという倒錯の例、B　「する」価値によって批判されるべき所に「である」
　　　　　価値が居座っているという倒錯の例を4人グループで話し合って【ワークシー
　　　　　トB】に書き込ませた後、全体で発表する。

【ワークシートB】

「である」ことと「する」こととの身近な例を探してみよう

A 「である」価値の否定し難い意味を持つ部面に「する」価値が蔓延しているという倒錯の例

（教科書の例）
① 休日…静かな憩いと安息の日であるべきなのに、日曜大工やスキーなど多忙にする日となっている。
② 学問、芸術

B 「する」価値によって批判されるべき所に「である」価値が居座っているという倒錯の例

（教科書の例）
① 会社の上役の存在価値…その人のする仕事や業績で「存在価値」は決まるはずなのに、仕事を離れてもその関係は続く。

A、Bの倒錯の例として、挙がったもの。

A	・マスク（感染予防のためにすべきものなのに、することやファッションに拘り、本来の意味を重視していない） ・ハロウィン（本来大切な収穫のための祭りなのに、仮装する日と化している）
B	・世襲制（二世の政治家、タレント） ・模試（自分の実力を判断すべきものであるのにも関わらず、順位の善し悪しに拘っている） ・タピオカ（本来食して楽しむものなのに、映えのための道具になっている） ・就職・昇進（本来は実力で評価されるべきなのに、学歴や家柄で評価されることがある） ・ブランド（本来はその品質によって選ぶべきなのに、ブランド名だけでよいものと判断している）

　このあと、教科書の書く活動「身近な問題を取りあげ、「である」論理と「する」論理の観点から、800字程度の文章を書いてみよう」を実施した。文章の中で挙げられた具体例は以下のとおりである。（数字は人数で、提出された文章は34）

A　マスク8　マスク警察　ハロウィン6　「生きる」こと　教師の価値　マスコットキャラクター　プロ野球選手の移籍問題　学問や研究　トレーニングジム　知識や教養　20歳成人　客　恋人　俳優　女優

B　学歴社会6　人種差別や女性差別（「ガラスの天井」問題）5　二世タレント・二世政治家など政治の世界　年功序列2　正規社員と非正規社員の位置づけ　模擬試験2　恋愛2　体育祭における演技パート　歌手のジャンル　国家試験保持者　部活動

【資料】

「である」ことと「する」こと　──身近な例を探してみよう──

A「である」価値の否定し難い意味を持つ部面に「する」価値が蔓延しているという倒錯の例

○神が神であることに価値があるのに、「何をしてくれたのか」によって神を確定する現代。

○学校それぞれの教育方針は学校が変えていかないものだが、モンスターペアレンツなどの批判でそれを曲げないといけない現状。

○本来、厳粛に行われるはずの葬式が、今日楽しい感じの葬式として行われている。

○花は花であるべきなのに、そこに人から美しさを求められる。

○本来、競技やその準備を行って運動をする場であるべきなのに、それらをおろそかにしてパート活動をする場になっている。

○本来楽譜通りに演奏されるべきだが、楽譜に書いてある指示を無視している演奏が評価される。奇を衒ったもの、音楽に限らず芸術全般。

○有名な実力家についている、その弟子であるというだけで、その作品が評価される。内容の良しあしは特に関係ない。

B「する」価値によって批判されるべき所に「である」価値が居座っているという倒錯の例

○模試で自分がどこを間違えたか知ること、自分の苦手を見つけ、そこを復習するのが大事なのに、順位だけ、自分が何番であるかで判断してしまう。

○就職活動の際、その人の中身を見るべきなのに、学歴を重視している。

○さほど面白くない芸人、うまくない俳優でも、二世というだけでテレビに出られる。

○女性であるというだけで、勤め先が制限される。

○出席簿が、男子が先、女子が後となっている。

○政治家であるというだけで、一般人ではそこまで問題にならない言動が政治家だからと問題になる。

○政治家は本来その人が掲げている公約などを見て判断しないといけないのに、有名人であり、名前を知っているからというだけで投票する国民。さらには、政治活動がしっかりできる人を候補に挙げるべきなのに、選挙に勝てるからというだけで芸能人を候補に挙げる政治家たち。

○世襲制。その家に生まれたというだけで、歌舞伎など家業を継ぐ。本来、やりたい人がやっていくべきなのに。

文章を書く時間がなかなか取れない場合は、構成メモだけ作らせる方法もある。800字程度の文章をすぐ書くのは難しいので、次のような構成メモの【ワークシートＣ】を考えてみた。

また、書いたものを評価する点においても、時間と労力が必要となる。評価シートや生徒同士の相互評価などを取り入れ、工夫していくことが必要であろう。

【ワークシートＣ】

「である」ことと「する」こと　書くための構成メモ

	A　「である」価値の否定し難い意味を持つ部面に「する」価値が蔓延しているという倒錯	B　「する」価値によって批判されるべき所に「である」価値が居座っているという倒錯
①身近な例		
②問題点		
③原因の分析		
④解決策		

13 和歌の特徴を考慮した系統的な授業デザイン

—— 『十訓抄』、『伊勢物語』、『土佐日記』、『今物語』、『源氏物語』、『大和物語』、
『無名抄』、『蜻蛉日記』、『紫式部日記』 ——　　　[高等学校1〜3年生]

❶和歌の扱いについて

　和歌は古典文学作品の多くに出てくるが、和歌の特徴を含んだ学習目標がシラバスに
系統立ててあげられていない。加えて、生徒にとって和歌を理解し鑑賞することは難し
い。その理由の一つは、和歌はわずか三十一文字で構成されており、和歌に含まれる情
報は限られているからである。また、和歌のメッセージは様々な修辞技法によって表現
されているのも理由の一つである。本章では、検定教科書の和歌を分析し、指導する際
のアプローチ方法を提案した。具体的には、『十訓抄』、『伊勢物語』、『土佐日記』、『今物語』、
『源氏物語』、『大和物語』、『無名抄』、『蜻蛉日記』、『紫式部日記』に含まれる和歌を
　　①和歌のテーマ
　　②和歌の詠み手と受け取り手の人間関係
　　③修辞技法の観点
から分析した。

　古典では和歌が必ず出てくるが、理解しようと思うとまず修辞技法などで難しく感じ
て抵抗を持ってしまう。小学生から五色百人一首などに親しみ、漫画や映画でも競技百
人一首への関心が高まる時代に、通常の授業で抵抗感なく、その魅力に触れられないも
のだろうか。高校一年から三年まで出会う多くの和歌を取り上げ、系統を意識した上で
の和歌の魅力に迫るアプローチの方法を考えてみた。

❷和歌が含まれた、代表的な教科書教材

　教科書によって若干は違うが、稿者が授業で取り扱った和歌が含まれた代表的な教材
の一覧である。万葉集など和歌集は今回は除いた。和歌単体よりも、地の文によって背
景や状況が入っている方が理解しやすいと考えたからである。

学年	教科書会社	教材名・作品名	学習の中心とすべきテーマ・修辞技法
高一	国語総合 （筑摩書房・ 大修館等）	(1)『十訓抄』「大江山」	切り返しの妙・掛詞
		(2)『竹取物語』 　「帝の求婚」	×
		「かぐや姫の昇天」	×
		(3)『伊勢物語』 ①「筒井筒」	成就した恋、愛を取り戻した歌、拒絶された歌
		②「梓弓」	序詞、究極の状況での和歌、最期の和歌（独詠歌）
		③「東下り」	折句・掛詞、縁語　余興から感動させる
		(4)『土佐日記』「忘れ貝」	悲しみを共有する者同士の唱和
高二	古典B （第一学習社）	④『伊勢物語』「初冠」	本歌取り
		⑤『今物語』「やさし蔵人」	後朝の歌
		⑥『源氏物語』「若紫」	心を共にする主従関係の間のやり取り
		⑦『大和物語』「苔の衣」	戯れのやり取り
高三	古典A （第一学習社）	(8)『無名抄』 ①「関路の落葉」	似たことばを使っても趣向を違わせた和歌
		②「深草の里」	本歌取りの効果
		(9)『蜻蛉物語』 　「うつろひたる菊」	真剣な歌にすかす返歌
		⑩『紫式部日記』 　「若宮の誕生」	苦しい思いを吐露する独詠歌

❸授業の実際

(1)「大江山」（『十訓抄』）　当意即妙な切り返し、意外性、掛詞を中心に

　古文の入門教材として扱う説話である。女流歌人として有名な和泉式部の娘である小式部内侍が、歌合に出ることを命じられた際、歌人藤原定頼に「（母のいる）丹後へ出した使いは戻ってきましたか。さぞ待ち遠しいことでしょうねぇ。」とからかわれ、すぐさま詠んだ逆襲の和歌である。母の教えがないと歌を満足に詠めないだろうとからかった定頼は、小式部の詠んだ歌に圧倒されて、返歌も出来ずに逃げ去ってしまう。

1　大江山いく野の道の遠ければまだふみもみず天の橋立

　入門期であるにも関わらず、和歌に掛詞が多く出てくるので授業をする上で難しいと感じていたが、逆に掛詞に着目してそれが小式部内侍の技量・力量であることがわかると和歌が際立ってくるのではないか。

　「大江山」でうたい出し「生野」そして国府に近い「天の橋立」と、道中の地名を三つも並べ、掛詞の連接を使って「大江山を越えて行く」「生野」と丹波までの旅程が遠いことを説明します。だからいまだに天の橋立をこの足で踏んでみた経験もない、と表面上はあくまでも

丹後までの距離感を前に押し出して一首をまとめています。ところが実は、掛詞を用いることにより「踏みもみず」に「文も見ず」の意味を持たせ、表の意味とは別に、母親の助けなど必要ないと言外に強く主張していたのです。[1]

　相手が逃げ去るほどの威力を持った和歌の技量を確認していくことで、入門期といえども、その面白さは伝わるであろう。

【板書①】

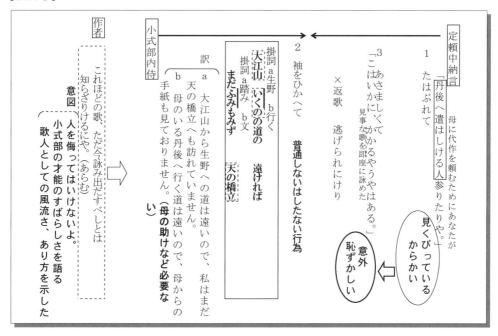

ゴシック部分は色チョーク

【発問】
①定頼大納言の言葉の「丹波へ遣はしける人」とはどういう人か。言葉を補え。なぜこんなことを小式部内侍に言うのか。
②小式部内侍の歌を確認する。掛詞を指摘し、両方の口語訳を別々に作る。何をいうための和歌か。
③定頼の「かかるやうやはある」の「かかる」の内容と、口語訳をする。返歌もせず、なぜ逃げたのか。
④作者の解説部分より、この話を残した意図を考える。

(2) 「竹取物語」 贈答歌の体をなさないやり取り

　国語総合で、「帝の求婚」「かぐや姫の昇天」を扱ったことがある。高校一年生の早い時期に設定されている教材だが、敬語が多く出てくることもあって扱いづらい教材だと感じていた。

　出てくる和歌は、「帝の求婚」の

2　帰るさのみゆきもの憂く思ほえてそむきてとまるかぐや姫ゆゑ（帝）

3　葎はふ下にも年は経ぬる身の何かは玉のうてなをも見む（かぐや姫）

の贈答歌である。

　帝は「帰途の行幸がもの憂く思われて、つい振り返ってしまって心が残る。私の言葉にそむいてあとに残るかぐや姫ゆえに。」と恨みがましい思いを訴えるが、かぐや姫の返歌は「葎がはい広がっているような粗末な住居で長年暮らしてきた私が、どうして今さら玉の御殿を見る気になりましょうか。到底そんな気になれません。」と身分差を盾にはっきりと帝を拒否する内容となっている。

　実際の授業では、ワークシートによって和歌の読解をしたが、それぞれの和歌を訳しただけで、互いの思いのやり取りという押さえまではできなかった。この贈答歌が唱和しているように思えなかったからだ。

　また、かぐや姫が昇天する前に帝に対して詠んだ歌、

4　今はとて天の羽衣着る折ぞ君をあはれと思ひ出でける

では、帝への愛情が吐露されている。

　しかし、この和歌について谷（2012）は、

　　　続く地の文は不思議である。
　　　　ふと天の羽衣うち着せたてまつりつれば、翁を、いとほし、かなしと思しつることも失せぬ。
　　　和歌に続く地の文では、帝ではなく、翁を想う心が消え失せたとしているのだ。和歌においては帝に対する心情が描かれていたのに、直後に続く地の文では翁への心情に変化しているのだ。これもまた、和歌と地の文の矛盾ではないか。
　　　かぐや姫の二首の和歌も帝の和歌同様、贈答歌の体をなしていない。難題譚の和歌はおおよそ贈答歌の体をなしているのに、帝とかぐや姫の和歌は一見すると贈答に見えないのだ。前の歌を受けることばがなく、独立している。[2]

と指摘する。

　　　地の文と和歌は、甚だ矛盾しており、通常の恋物語とは異なる関係性を示している。本来物語には和歌はなかったが、どこかの段階で恋歌の定型に則って、はめこんだのである。こ

うしてみると、『竹取物語』は、和歌がない形の方が物語としては完成度が高いとさえ言えるのだ。[3]

と『竹取物語』について評価している。多くの教科書で取り上げられているものではあるが、高校一年生の教材として適切かどうかも考慮すべきではないかと考えられる。和歌の扱いについても同様である。

(3) 『伊勢物語』

1)「筒井筒」 恋を成就させた和歌の贈答、夫の愛を取り戻した和歌、見限られた和歌

　「筒井筒」では、井戸のそばで遊んだ幼馴染の恋とその成就が描かれている。きっかけとなった和歌は、

5　筒井筒井筒にかけしまろがたけ過ぎにけらしな妹見ざるまに（男）

6　くらべこし振り分け髪も肩過ぎぬ君ならずしてたれかあぐべき（女）

の贈答歌である。妹—君と親愛をこめた呼び名が使われ、互いに幼い頃の思い出をちりばめ、自身の体の成長を相手に告げる。相違点としては、男が一人前の男に成長し、あなたに求婚できる状態になったという宣言なのに対し、女の方は結婚はあなたしか考えていませんという強い思いを直情的に伝えている点である。ワークシートの左右に5・6の和歌を配し、共通点、相違点を探ることを通して、贈答歌として唱和し合っていることを確認できる好教材である。

【ワークシート】

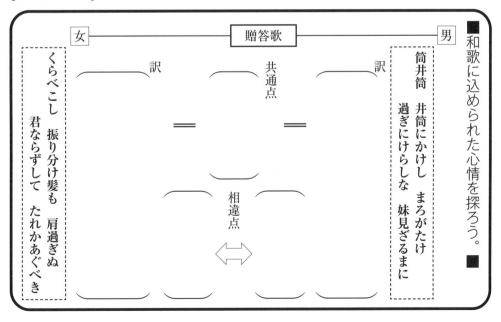

【ワークシートをもとに発表させて完成した板書②】

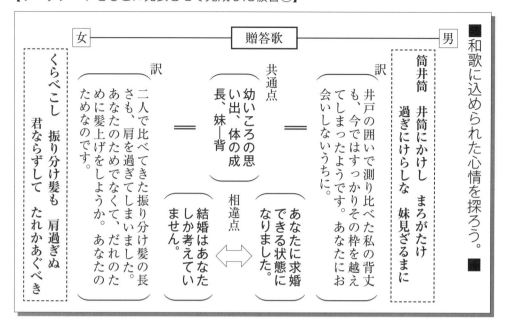

■ 和歌に込められた心情を探ろう。■

【発問】

①列ごとに男、女の和歌の口語訳をさせ、発表させる。

②共通点、相違点を考える。発表をまとめる。

　幼馴染の恋が成就した二人であったが、女の親が亡くなり、貧乏になった状況から、男に高安の女（新しい妻）が出現する。そこへ行く男のことを想い、一人家で女が詠む独詠歌も、秀逸である。

７　風吹けば沖つ白波たつた山夜半には君がひとり越ゆらむ

　「いとよう化粧じて、うちながめて」からは、男を送り出すときは何事もないように気丈に振舞っているが、崩れそうな心を支えるために化粧をし、それでも物思いにふけって、恨みごとを言うのでもなくただただ男の身を案じる無償の愛を吐露する歌に感動し、男は高安には行かなくなる。

　たまたま高安に来てみると、全く気を許して優雅な振る舞いはしなくなった女に幻滅し、高安の女から、

８　君があたり見つつを居らむ生駒山な隠しそ雨は降るとも

９　君来むと言ひし夜ごとに過ぎぬれば頼まぬものの恋ひつつぞ経る

と二回も和歌を送られても男は返歌すらしなかった。

　ここでは、なぜ高安の女には幻滅し、もとの女に戻ったのか、和歌と地の文を参考に、その違いを考えさせた。高安の女は正直で純粋な人であったが、たしなみがなく、品が

なかった。これは現代的とも言えるが、ひたすら自分の思いを相手にぶつけて訴える、戦略が全くない女である。もとの女は、古風で、身だしなみも人が見ていないところでもしっかりして、奥ゆかしさや教養があり、健気で献身的な耐える女と言えよう。高安の女の和歌には技巧がないが、もとの女の和歌には序詞が用いられている。

【板書③】

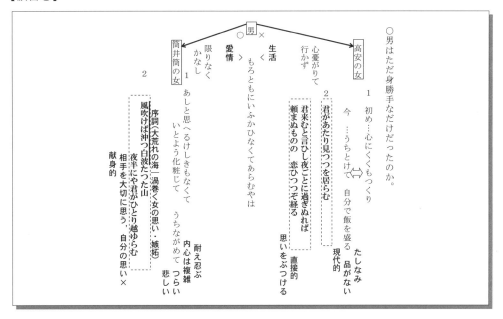

【発問】
①男はただ身勝手なだけだったのかと投げかけ発問をする。
②なぜ高安の女がいやになったのか。理由は。
③筒井筒の女はそれと比べてどう違ったか。
④高安の女と筒井筒の女における和歌の違いは何か。

7 の序詞に注目すると、渡部（2014）の指摘が授業でも扱えないだろうか。

　　「風吹けば沖つ白波（たつ）」は、響きは美しいですが、海の沖に（岸辺ではなく）白波が立つのは海が大荒れの時ですから、実は普通ではない危険な情景を表しています。そのイメージを「竜田山」に重ね合わせると、危険な竜田山を、夜半に、しかも一人で越えている夫の身を案じる歌となるでしょう。一方、荒れ狂う海のイメージを作者である本妻の心情にまで広げて解釈すれば、表面上は何気ないそぶりをしている本妻の心に渦巻く物思いや嫉妬の歌となるのです。おそらくそのどれもが正解で、だから男は新しい妻のもとに行かなくなった

のでしょう。[4]

２）「梓弓」心情が表出した和歌、序詞を中心に、最期の独詠歌

　「梓弓」では、男が宮仕えに行ったきり三年帰ってこなかったので、待ちくたびれた女は「いとねんごろに言ひける人」と再婚するその夜に、もとの男が帰ってくるという悲劇の場面で、和歌が詠み出される。夫の意気揚々とした「この戸開けたまへ」の声に対して、女は歌を返すしかない。それは精一杯の心の叫びであったのだ。夫への深い愛情は変わらないが、新夫との約束をした今となってはどうしようもなく、ただ事実のみを伝えるしか出来ない女である。

10　あらたまの年の三年を待ちわびてただ今宵こそ新枕すれ

　それに対して、ひどい衝撃を受けたであろう男は虚勢や強がりではない、悲しみや自責の念の渦巻く中でも、女への本能的な深い愛情を吐露する。

11　梓弓ま弓つき弓年を経てわがせしがごとうるはしみせよ

　この男の歌で男の愛情深さを感じ、その人柄への深い愛情がわき上がり、何とか保っていた女の心の垣根が崩れて、心情が表出してしまう。

12　梓弓引けど引かねど昔より心は君に寄りにしものを

　しかし、男はその歌を聞いたか聞かぬか、返歌もなく、去ってしまう。

【板書④】

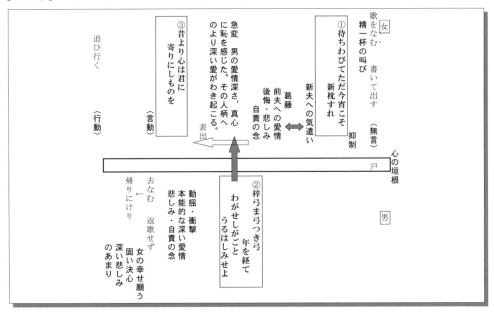

108

【発問】

①男が３年ぶりに訪ねて来たのに、なぜ歌しか出せなかったのか。和歌を確認する。その思いはどんなものだと考えられるか。

②それなのに、なぜ前夫への愛を吐露してしまったのか。

③そんな女の歌に返歌しなかったのはなぜ。

　女は男を追うが、追いつけず、清水のある所で倒れ臥してしまう。そこで、指の血で岩に書き付けた歌が、

13　あひ思はで離れぬる人をとどめかねわが身は今ぞ消えはてぬめる

である。愛が伝わらなかった女は、死ぬという結末を迎える。13では全く技巧が用いられていないことから、全ての思いをぶつけていて、考える余裕が全くなかったことがよく分かる。「心は君に寄りにしものを」の序詞「は」より、愛の心が伝わらなかった女は身の破滅しか残されていない。助動詞「めり」を推量と取れば女の意志の強さと取れるし、婉曲と取れば意志と迷いとも考えられる。我が身体の事なのに、感じ取れないほどの悲しみであったことがうかがえる。

　1998年の授業実践では、「梓弓」の使われた意味、序詞、枕詞など修辞技法の意図や効果など、図書室で調べ学習をして、一人B5一枚にまとめた資料を提出させて、授業を行った。全九時間かかったが、高校一年の生徒にここまで深い考察が可能であるのだという驚きをもった。「三年」という期間の意味、「名詞」や「動詞」に着目したり、技巧が使われている歌と使われていない歌の比較、和歌四つの変化に着目したりと、学習課題も多岐に渡った。修辞技法の使われている意味やその効果について学習する、好教材である。探究学習として実施する価値があろう。

３）「東下り」　折句、掛詞、縁語、余興で詠む歌、人の心を感動させる歌

　「東下り」では、「身をえうなき者」に思った男が、都を離れ東国へ行く。三河の国八橋で、かきつばたが咲いているのを見てある人に「かきつばたの五文字を歌の初めに置いて、旅の心を詠め」と言われ、男は次の歌を詠む。

14　唐衣きつつなれにしつましあればはるばるきぬる旅をしぞ思ふ

　これは、折句と掛詞「妻・褄」「はるばる・張る」「来・着」と縁語「唐衣」「褄」「張る」「着」が使われている。これほど技巧満載の和歌が、なぜその場にいた皆の涙を誘ったのか。

　　　核心は、都に愛する妻がいるから（上句）、遠く離れての旅が悲しい（下句）、という内容である。たしかに縁語はたくさんちりばめられているが、一番大切なのは、この二つの内容を結合する縁語（具体的には、「褄」「張る」）であろう。これによって、妻を思うという形

で旅愁がくっきりと定位された。おまけに、折句「かきつばた」の詠み込みによって、かきつばたの前にいる現在の心境として、その場の人の気持ちを代表して具現化したのである。（中略）業平の歌は、たんに望郷の悲しみを表現しているのではない。望郷の悲しみが、今この場所での逃れがたい運命であることを、言葉において実現しているのだ。[5]

【板書⑤】

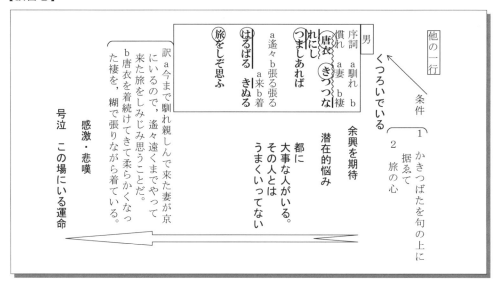

【発問】

①男に対して、２つの要求がされた。何か。

②「唐衣」の歌の中で、修辞技法が使われている。折句、序詞、掛詞はどこで、何がかけられているか。２つの訳をする。

③軽い気持ちで男に和歌を作ることを頼んだのに、号泣したのはなぜか。

隅田川を渡る舟に乗ってから、鳥を見かけるが誰も名を知らず、渡し守に聞くと「都鳥だ」と言うのを聞いて詠んだ歌。

15 名にし負はばいざこと問はむ都鳥わが思ふ人はありやなしやと

舟に同乗していた人はこぞって泣く。

【板書⑥】

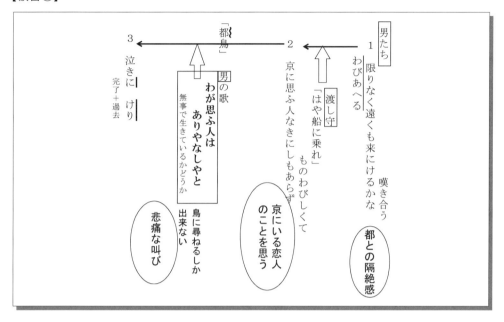

【発問】

①男たちは、なぜ「限りなく遠くも来にけるかな」とわびあったのか。

②渡し守の言葉に促されて乗るが、最後「泣きにけり」とある。「に」「けり」の押さえ。

　そうなったのはなぜか。

③男の歌がきっかけである。歌のどこが胸にきたのか。

④なぜ都鳥にそんなことを聞くのか。

　当時隅田川を越えたその先は全く違う世界と考えられていたため、一行は船に乗るのを渋っていたのだ。ようやく船に乗ったが、いた鳥の名を聞くと都鳥だというのを聞き、名前に都を持っている鳥にしか思う人の安否を問うことができないこのつらさを、一行が共感して泣いたものである。心情の高まりに注目して、和歌を読み取っていく授業を考えた。

4）「初冠」本歌取り

　元服したばかりの年若い男が、奈良の都に鷹狩りに行く。そこで垣間見た女はらからの美しさに心が動揺し、和歌を詠みかける。それも自身が着ていた狩衣の裾を切り取って、それに書き付けるという大胆な行動を取る。

16　春日野の若紫のすり衣しのぶの乱れ限り知られず

　それに対する返歌はない。書き手は、男の行動、和歌に対して「いちはやきみやび」

と賞賛し、次の古歌を踏まえていることも説明する。

17　みちのくのしのぶもぢずりたれゆゑに乱れそめにし我ならなくに

【板書⑦】

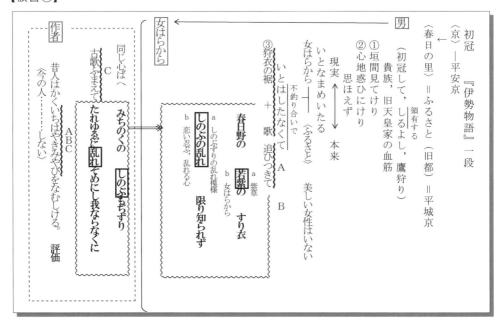

【発問】

①男はどこからどこへ、何をするためにやってきたのか。

②男はどんな人物であることが分かるか。

③男の行動を挙げよ。

④女はらからをみて、「いとはしたなくて」と思ったのはなぜか。

⑤「若紫」「しのぶの乱れ」に掛けられているものを挙げよ。

⑥二つの意味を別々に訳せ。

⑦「みちのくの……」の歌は誰の歌か。

⑧最後の作者の言う「いちはやきみやび」とは男の何を指しているのか。

⑷　『土佐日記』「忘れ貝」　悲しみを共有する者同士の唱和

　泊の浜で、美しい貝、石などが多くあった。それを見た人が詠んだ歌。

18　寄する波打ちも寄せなむわが恋ふる人忘れ貝下りて拾はむ

19　忘れ貝拾ひしもせじ白玉を恋ふるをだにも形見と思はむ

　18が「船なる人」（紀貫之の妻）、19が「ある人」（紀貫之）の詠んだもの。土佐に赴任中亡くした娘を「わが恋ふる人」「白玉」と喩えており、忘れ貝を共に使っている。「忘

れ貝」とはハマグリ科の一種で、二枚貝であることから、恋を忘れさせるという貝、離ればなれになった二枚貝の片方のことである。忘れ貝を拾って娘を亡くした悲しみを忘れてしまいたいと訴える妻に対して、夫は、忘れ貝は拾わずに、せめて娘を思う恋しさ、いとおしさは片時も忘れずにいようと言う。双方に娘への深い思いが表れ、幼い娘を亡くした癒されぬ悲しさ、つらさが伝わってくる。男親と女親の違いが現れているのだろうか。

【板書⑧】

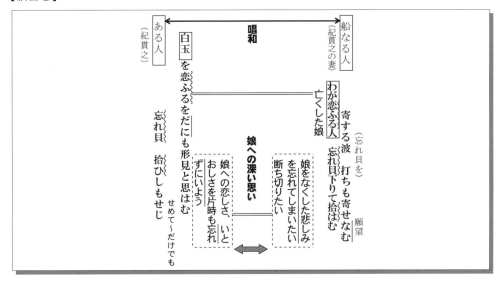

【発問】

① 「船なる人」の歌について、「なむ」の文法的説明をせよ。

② 「わが恋ふる人」とはだれか。この歌にはどんな思いが込められているのか。

③ それに唱和する「ある人」の歌の「だに」と「せじ」の解釈をする。この歌に込められている思いは。

④ 娘への深い思いは共通しているが、違いは何か。

(5) 『今物語』「やさし蔵人」　後朝の歌

　大納言は女の家の門から出ていく際、女が別れを惜しんで見送っている姿をみかけて、供の蔵人に後朝の歌を自分の代わりに言って来いと命ずる。困った蔵人は、何の考えも浮かばずに女の前に控えるが、折しも鶏が鳴く。女は有名な歌人であった。以前宮中で女の詠んだ有名な歌、

20　待つ宵に更けゆく鐘の声聞けば飽かぬ別れの鳥はものかは

を思い出し、それを踏まえて蔵人が次の和歌を詠む。

21　ものかはと君が言ひけん鳥の音の今朝しもなどかかなしかるらん

　来るべき人を期待しながらも危うんで待つ宵、しだいに夜は更けて初夜の鐘が鳴り、中夜の鐘も鳴ろうとするような時間帯（六時頃から十時頃）のときめきと不安である。その交差する思いを抱いて聞く鐘の声のせつなさに比べれば、たしかに朝の別れは「飽かぬ別れ」であるが、またの日の固い約束が信じられるなら安らかで、「待つ宵」の情緒の方が自分は好ましいと言っている。[6]

　待宵を勝るといって、暁の「あかぬ別れの鳥はものかは」と詠んだ小侍従の結句を、初句冒頭に据えて、いきなり「ものかはと君がいひけん鳥の音の」とうたい出した気息も実に気が利いて洒落ているが、内容も巧みに小侍従の元歌に反論しながら、「暁」の別れの「あはれ」を問いかけている。このたびの「暁の別れ」の情緒はまたとないでしょう、といっているのだ。[7]

【板書⑨】

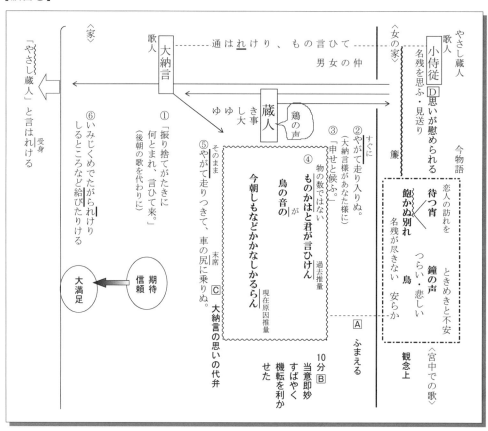

114

【発問】

①大納言と小侍従の関係はどんなものか。文中より探せ。(「通はれけり」「もの言ひて」から男女の仲、ただ大納言なので、小侍従は愛人の位置でしかない)

②大納言が小侍従の家を出た後、「振り捨てがたきに」、蔵人に「何とまれ、言ひて来」と命じたが、つまり何を言ってこいと言ったのか。

③蔵人の動きを確認せよ。(②③④⑤) 「やがて」の意味の違いを確認。

④蔵人の歌の解釈をする。これは何を踏まえた歌か。小侍従の歌を解釈する。2つの歌を比較してみよう。

⑤大納言は蔵人の行動に大変満足していたのだが、なぜ蔵人に後朝の歌という大事なことを頼んだのか。

⑥「やさし蔵人」の「やさし」の意味を確認。蔵人の趣きがあったところ、優美だったと評価された点はどこか。ⒶⒷⒸⒹを確認。

　後朝の歌については、百人一首の中からいくつか代表的なものを取り上げ、補助資料を示して補足説明を行った。百人一首については、伝統として高校一年生で前半五十首、高校二年生で後半五十首を覚えてくることが冬休みの課題となっていて、課題テストも実施する。さらに生徒会主催のかるた大会も、クラス対抗で実施される。そのことがあり、覚えていたあの和歌だということがあれば、さらに興味や関心も出てくるに違いない。

【資料】

■「やさし蔵人」[今物語] 参考プリント

■小倉百人一首から　後朝の歌■

あひみての　のちの心に　くらぶれば　昔は物を　思はざりけり

権中納言　敦忠

あなたと逢って契りを結んだ後の今の心に比べれば、逢う以前の恋しい思いは、物思いをしなかったのと同じようなものだったなあ。

あけぬれば　暮るるものとは　しりながら　なほうらめしき　朝ぼらけかな

藤原道信朝臣

夜が明けると、やがて日は暮れるものだから、ふたたびあなたに逢えるとわかっていますけれども、それでもやはり、恨めしい明け方ですよ。

君がため　惜しからざりし　いのちさへ　長くもがなと　思ひけるかな

藤原　義孝

あなたのためには、どうなってもよいと惜しくなかった命までも、逢うことのできた今は長くあってほしいと思うことですよ。

■小侍従の歌■

待つ宵に　更けゆく　鐘の声聞けば　飽かぬ別れの　鳥はものかは

あなたの訪れを待っている夜、その人は来ないで夜の更けてゆくのを告げる鐘の音を聞くと、そのつらさは、暁に心残りのまま別れの時に鳴く鶏の声の耐え難さなど物の数にも入りません。

（6）『源氏物語』「若紫」　主従関係でのやり取り

　北山で垣間見た尼君とその孫である少女から目が離せない源氏。少女に目を奪われていくのは、実は愛してやまない藤壺の宮に似ていたからと気が付き、禁断の愛を忘れることの出来ない罪深さに涙する。

　その後、もう先は長くなさそうな尼君と少女の乳母であろう女房との和歌のやり取りがある。

　尼君の歌

22　生ひたたむありかも知らぬ若草をおくらす露ぞ消えむそらなき

　女房の返歌

23　はつ草の生ひゆく末も知らぬまにいかで露の消えむとすらむ

　兄の僧都から源氏が病気治療のため北山を訪れていて、御見舞に参ろうと告げられ、垣間見は終わる。

　尼君と女房の関係性がうかがわれる、姫君に対する愛情のつまった和歌のやり取りである。共通に使われる言葉があり、唱和していることを示すのにはよい教材である。

【板書⑩】

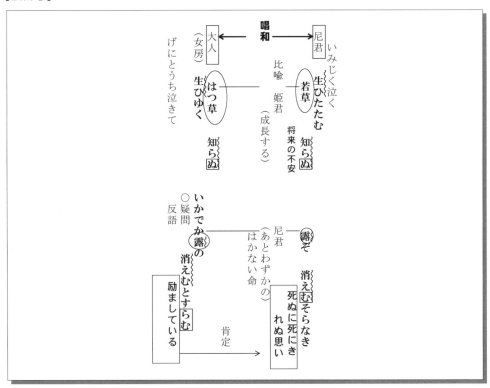

116

【発問】
①尼君と大人の和歌は唱和している。同じ点を挙げよ。
②「若草」「はつ草」の比喩は何をたとえているのか。「露」は何をたとえているのか。
③「消えむそらなき」を訳す。尼君のどんな思いがあふれた和歌か。
④大人の和歌「いかでか」をどう訳したらよいか。ここは主従関係ということから考えて、気持ちは反語だが、疑問ととるのがよい。
⑤大人は尼君に対して、何を伝えている和歌だと言えるか。

⑺ 『大和物語』「苔の衣」 同じ和歌の詠まれた背景の違い、戯れのやり取り
　深草の帝が崩御された後、寵愛されていた良少将は姿を消してしまう。小野小町が清水寺に参詣した際、読経する法師がおり、良少将（遍昭僧正）ではないかと思い、送った歌、
24　岩の上に旅寝をすればいと寒し苔の衣を我に貸さなむ（小野小町）
　返歌が、
25　世を背く苔の衣はただひとへかさねばうとしいざ二人寝む（良少将）
　やはり、その僧は良少将であった。すぐ会って話をしようと思ったが、もうどこにも姿はなかった。
　この二首は、『後撰和歌集』にも収められているが、詞書が『大和物語』とは違っている。清水寺が石上寺に、小町は寺に参詣して勤行していたのに対し、日がくれたので帰るのを翌日にのばして寺にとどまっていた、良少将かどうか試すための和歌が、良少将がいると人から聞いて歌を読みかけた、後日談がないなどである。
　『後撰和歌集』については、

　　出家して修行中の歌友に、その衣を着たいということは明らかに戯笑的挑発であるが、出家後の宗貞を「心見むとて」と詞書されたところが面白い。「試みんとて」でもほぼ同じことだが、出家した宗貞の風流心のありかを見たいというといかけである。のちに仏教界の衆望を集めて僧正に任ぜられる遍昭の飄逸な返歌のことばは、ここからすでに後半生を特色づける洒脱な世界がはじまっていたというような面白さである。[8]

　授業実践として、両者の比較をした。同じ人物、同じ和歌のやり取りなのに状況が違うことで、どう解釈が違ってくるかをグループで考えさせて、紙にまとめたものを黒板に貼り、発表させた。戯れのやり取りなどは、高校生には難しい読み取りであるし、比較していくこともより高度な学習内容であるが、実際には興味深く考えられたようで、今後の新しい古典の授業として可能性を秘めていると思われた。

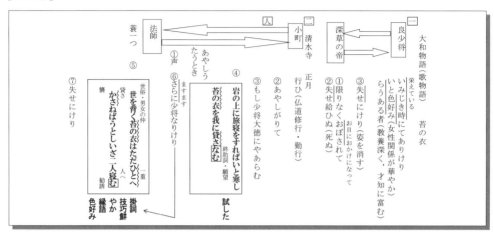

【発問】

①良少将が「いみじき時」とはどういう意味か。

②深草の帝の「失せ」と良少将の「失せ」は意味が違う。どう違うか。

③小町はなぜ法師を良少将と思ったのか。

④送った和歌について、「なむ」を文法的に説明せよ。

⑤法師の返歌について、使われている修辞技法は、掛詞がある。何と何がかけられているか。

⑥「む」はここでは何の意味か。

⑦なぜ⑤の返歌からますます少将だと確信したのか。

【板書⑫】

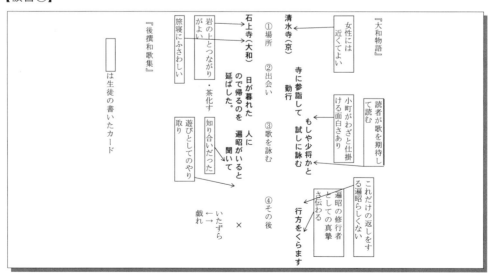

【発問】
①『後撰和歌集』と『大和物語』の「苔の衣」を比較して、違うところを挙げよ。
②比較したら、どちらにどんな効果があるか。カードに書き出せ。

(8)『無名抄』
1)「関路の落葉」　似た和歌の比較、本歌取りの効果
　頼政が「関路の落葉」という題を与えられて歌合に参加する事になり、いろいろと作って迷った上、俊恵を自宅に呼ぶ。相談を受けた俊恵は、似ていると思われる能因の和歌と比べて頼政の方が見映えがするといって、太鼓判を押す。
　　能因の歌
26　都をば霞とともに立ちしかど秋風ぞ吹く白河の関
　　頼政の歌
27　都にはまだ青葉にて見しかども紅葉散り敷く白河の関

　能因法師の和歌の解釈としては、次のものがある。

　　春、霞が立つころに都を出発したが、ここ白河の関にたどり着いた時には、秋になってしまった、と歌っています。「たつ」は霞が「立つ」と都を「発つ」との掛詞ですね。いかにも春に旅が始まった、という感じを強めています。そして春から秋へ、旅をしているうちに半年近くも経ってしまったというのです。みごとに、都との距離感が表されていますね。しかも、霞立つ風景は、一年の始まりを象徴します。旅立ちにぴったりです。一方秋風は秋の始まりを表します。そして秋は、物事の衰退を象徴する季節です。草は枯れ、木の葉は散ってゆき、あらゆるものが死へ向かって衰えてゆく、哀愁の季節です。都を離れて、とうとうここまでやって来てしまったという感じが、じつによく出ているではありませんか。[9]

　授業でも、季節の違いについては触れるが、さらに深い考察が必要だと分かる。同じ言葉が用いられた和歌の場合、真似をしていると批判を受ける可能性は現在の世でもある。本歌取りとは違った、比較を通して両者の違いを考察していくのに、格好の教材であろう。

【板書⑬】

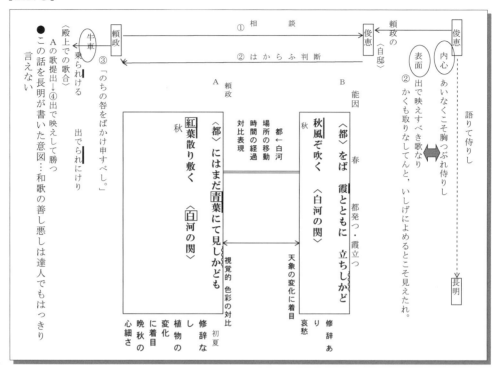

【発問】

①出てくる登場人物は誰か。能因は話の中で挙がっているだけだが、なぜ挙がっている
　のか。

②敬語を確認しよう。頼政の行動に尊敬の助動詞が使われていることを確認。

③「語りて侍りし」の相手は誰か。

④能因の歌と頼政の歌を比較する。共通点と相違点を探せ。

⑤長明がこの話を残した意図は何か。

2）「深草の里」　本歌取り

　　五条三位入道俊成が俊恵に対して自讃歌として挙げたのは、

28　夕されば野べの秋風身にしみて鶉なくなり深草の里

　　これは、伊勢物語一二三段を踏まえている。授業でも確認するものだ。男に飽きられ、
新しい女の所へ行こうとする男が女に詠む。

29　年を経て住み来し里を出でていなばいとど深草野とやなりなむ

　　女の返歌

30　野とならば鶉となりてなきをらむ狩にだにやは君は来ざらむ

　　歌に感動した男は、愛情を復活させたという話だが、あまりに単純すぎる結末と感じ

られる。

　しかし、この和歌に関しては、次の解釈が参考になる。

　　地名の「深草」を草深い野と言い換えた男に向かって、その草深い野に住む鶉を導き出し
　て対置し、さらに「狩り」「仮」の掛詞を用いて、たまさかの訪れでもいいからと切望する。
　そういう言葉の技巧を視野に収めるべきだろう。すでに、掛詞や縁語の章で、これらの技巧
　が、偶然性に大きく依存していることを確認し、そのことがかえって、逃れがたい運命的な
　感覚を喚起するのではないか、と述べた。女を見捨ててここがその名の通り草深い荒野となる、
　という自分の吐いた言葉が、女によって逆手に取られてしまった。それだけに男は、「鶉を狩り」
　に来る、すなわち女の所に戻ってくる運命に逆らえなくなる。言葉にからめ取られ、身動き
　できなくなったのである。内容のいじらしさと、掛詞や縁語の威力が相乗効果をもたらして、
　男の心と行動を拘束する。贈答歌の魔力の源泉を、そのあたりに垣間見てはいかがであろう
　か。[10]

また、女の歌を本歌取りした俊成の歌についても比較されている。

　　俊成は、場面はそのままにして、時間・季節を加え、冷たい秋風が「身にしみ（る）」と
　いう体感を加えた。（中略）「秋風」は男が女に飽きたことをあらわします。「秋」は「飽き」
　の掛詞です。男の心は深草をかき分けて吹いてくる秋風のように冷たく変わったというので
　す。それなら「秋風身にしみて」はだれの「身にしみる」のでしょうか。作者の俊成でしょ
　うか。男に捨てられる一二三段の女、それとも鶉でしょうか。捨てられた女が鶉になって待
　つというのですから、女ではなく鶉とみるべきです。
　　しかし私達は一二三段を知っており、それと比較して俊成の歌を鑑賞します。そういう読
　者には鶉の姿が胸に痛く感じられ、鶉とおなじように「秋風」が身にしみてきます。なかに
　は、俊成自身が一二三段をそう読み取って詠んだのだろうと思う人もいるでしょう。この歌は、
　読者側のさまざまな想像を許容する意味の深い歌になっています。
　　それと関連して、もう一つ注意すべき事があります。一二三段は二人の愛の回復を語って
　閉じられますが、俊成の歌はどうでしょう。「夕」は男が愛する女のもとにやってくる時間で
　す。なのに冷たい秋風が吹き荒んでいる。俊成が新しく設定したこの場面は、二人の愛はひ
　とたびよみがえり、やっぱり破局に終わったと物語っているように見えます。
　　俊成は一二三段のあとに続く、さらに悲しい愛の結末を構想したのではないでしょうか。
　わずか三十一文字の和歌の中に、物語のその後を想像させる前衛的な試みをしたように思わ
　れます。[11]

この解釈を踏まえると、以下のような板書が考えられる。

【板書⑭】

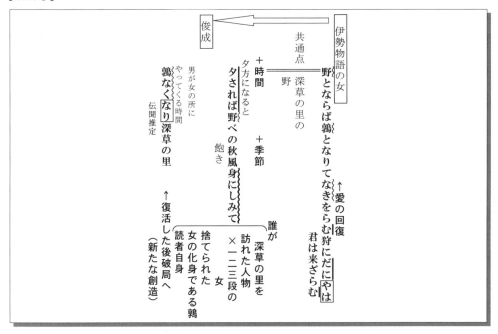

【発問】

①伊勢物語の女の歌の解釈をする。「む」「だに」「やは」の文法的説明。

②俊成の和歌に用いられている修辞技法は何か。

③「なり」の文法的説明をせよ。

④「身にしみて」は誰がそうしているのか。考えられるものを挙げよ。

⑤本歌と比べて、俊成の歌は何が違うか。

(9) 『蜻蛉日記』「うつろひたる菊」　真剣な歌にすかす返歌

　夫兼家が他の女に贈るための手紙を文箱の中に見つけてしまった作者は、見たとだけは知らせようと和歌を書き付ける。その後、兼家と町の小路に住む女との結婚を確認した作者は、兼家が訪ねて戸をたたいたが、開けずにいたら、兼家は待つこともなくすぐに町の小路に住む女の所に行ってしまう。やはりこのままではすましておけないと思った作者は、意を決して歌を贈る。

31　なげきつつひとり寝る夜のあくるまはいかに久しきものとかは知る

　しかし、返ってきた手紙と和歌は、その気持ちを受け止めたものではなかった。

32　げにやげに冬の夜ならぬ真木の戸もおそくあくるはわびしかりけり

【板書⑮】

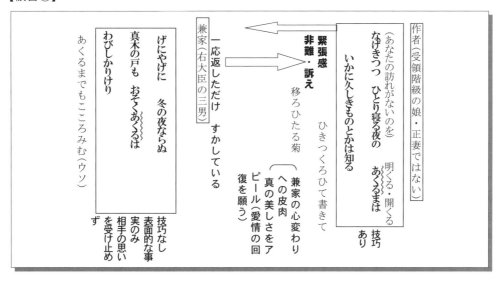

【発問】

①作者の歌の解釈をする。「移ろひたる菊」を和歌につけたのはどういうメッセージであろうか。

②兼家の歌の解釈をする。

③筆者の緊張感のある訴えに対して、兼家の歌はどんな返歌と言えるか。

⑩ 『紫式部日記』「若宮の誕生」 苦しい思いを吐露する独詠歌

　土御門殿で中宮彰子は敦成親王を出産した。赤子からおしっこをかけられても悦ぶ藤原道長をはじめ、天皇の御幸を控えて邸内全体がうきたっている中、作者は一人違和感を覚え、苦しい思いを歌に記す。

33　水鳥を水の上とやよそに見む我もうきたる世を過ぐしつつ

【板書⑯】

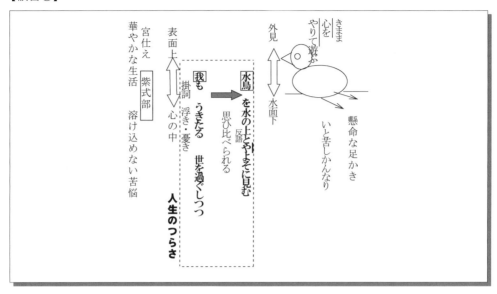

【発問】

①「や」を反語とすると、その訳はどうなるか。

②水鳥の様子は外見上はどうだが、水面下ではどうだと言っているのか。

③「我」という紫式部も、表面上と心の中では水鳥と同じだと言っている。どう同じなのか。

　水鳥と自分の共通点を見ている紫式部の苦しい思いは、地の文も合わせて組み入れながら考えさせていくと理解される。思いが吐露した独詠歌として、是非学ばせたい和歌である。

❹まとめ

　教材分析を組み入れながら、授業デザインをしてみた。何度も授業をしたものもあるが、修正を加えている。

　実際にシラバスにある教材で和歌を含むものを取り上げていったが、『竹取物語』を除いて、他のものはそれぞれ中心に学習すべきテーマや修辞技法、贈答歌における両者の関係性、独詠歌など、多岐にわたっていて、和歌の学習内容としては大部分が網羅できていると思われた。読解が複雑で難しいものは、高校三年生に置かれていた。今回取り上げたのは、定番のものが多かったと思われるが、『今物語』などは最近新しく取り上げられている教材である。学校で採用する教科書によっては、入っていなかったり、

別のものもあるので、三年全体を見通しての教材編成を考えることが必要となる。

　大切なのは、この教材では何をメインとして和歌を指導していくのかという目的意識を授業者が持つことであろう。高校三年間で、和歌の特徴が網羅できるよう、高校一年から授業者が確認していくことが必要になってくる。シラバスには学習目標を書くが、和歌に目を向けた学習目標も意識して入れていくとよいと思われる。

注
1 ）小林一彦，「掛詞」，渡部泰明編『和歌のルール』，笠間書院，2014年，第 4 章，p68.
2 ）谷知子，「『竹取物語』の和歌─不定形なテキストの矛盾」，谷知子・田渕句美子編著『平安文学をいかに読み直すか』，笠間書院，2012年，第二章，p51.
3 ）注 2 ，同上書，p51.
4 ）大浦誠士，「序詞」，注 1 ，同，第 2 章，p402.
5 ）渡部泰明，『和歌とは何か』，岩波書店〔岩波新書〕，2009年，p83 ～ 84.
6 ）馬場あき子，『日本の恋の歌〜恋する黒髪〜』，角川学芸出版，2013年，p197 ～ 198.
7 ）注 6 ，同上書，p198.
8 ）馬場あき子，『日本の恋の歌〜貴公子たちの恋〜』，角川学芸出版，2013年，p121.
9 ）渡部泰明，『古典和歌入門』，岩波書店〔岩波ジュニア新書〕，2014年，p131.
10）注 5 ，同上書，p149 ～ 150.
11）錦　仁，「本歌取り」，渡部泰明編，『和歌のルール』，笠間書院，2014年，第 6 章，p87 ～ 88.

14 「花山天皇の出家」（大鏡）の授業デザイン
―― 古典作品を解釈し、評価する ―― ［高等学校2年生］

（第一学習社『高等学校　改訂版　古典B－古文編』）

本実践は、2021年11月の中等教育研究大会の公開授業である。

❶教材について

「花山天皇の出家」には、語られていないことが多い。花山天皇が出家に思い至った動機や、退位に関わった事実として政治的に孤立した状況であったこと、退位を巡る用意周到な準備と連携があったはずなのに、兼家、道兼以外の退位に関わった人々の動きは全く出ていない。さらに、花山天皇の人となりや出家後の生活、生き方も一切語られない。

語られていることは、うら若い花山天皇の逡巡や後悔、語り手世継の花山天皇への同情、粟田殿のあくどさ、安倍晴明の登場、兼家が首謀者であることなどである。

なぜそれらが語られるのか、なぜ語られていないのか。その考察こそが、「花山天皇の出家」の深層に迫る読みとなるのではないか。

生徒は、「花山天皇の出家」の魅力を伝えようとする際、何をポイントとするのかを考える際に、なぜこの表現なのか、構成なのか、なぜ語られていないのかという課題にぶつかるだろう。そこで何らかの答えを導き、プレゼンに込めることができれば、すべての聴衆＝編集委員に「花山天皇の出家」の魅力は伝わっていくに違いない。答えを導いていないプレゼンは、編集委員から根拠の曖昧さをつかれることになる。

歴史物語である『大鏡』は、史実を忠実に描いたものではない。多くの脚色が含まれ、安倍晴明の部分などがそれに当たるだろう。それが何を意味するのか、テクストとの生徒の対話に期待したい作品である。

❷授業の実際（全15時間）

学習目標
1　文章の構成や展開の仕方について理解を深めることができる。
2　書き手の考えや目的、意図を捉えて内容を解釈するとともに、文章の構成や展開、表現の特色について評価することができる。
3　グループで集めた材料を整理・検討し、積極的に作品の価値を売り込もうとしている。

授業展開

　第一次（３時間）「雲林院の菩提講」の読解。発問による通常授業。

　第二次（６時間）「花山天皇の出家」を教科書本文ではなく、本文プリントに沿って
　　　　　　　　　読解する。

　一～六ごとに、一回通読後、読み深める視点に沿って個人→ペアで問いを確認し、そ
の後問いの発表を行い、解決できる問いだけ授業内で解決する。

【読み深める視点】

1　なぜこの発言や行動をとるのか。 2　なぜこの順序・構成なのか。 3　なぜこの表現をするのか。 4　語られていないことは何か。	金子萌「筆者の工夫を問いかけながら読む『大鏡』 －高校３年生『肝だめし』を例に－」を参照 「語文と教育」, 鳴門教育大学国語教育学会　学会誌, 34, 2020年, p23 ～ 35.

　第三次（６時間）

　第１～３時　『「花山天皇の出家」を売り込もう』というテーマで、

　あなたは、出版社の編集委員です。「花山天皇の出家」を出版するかどうかを決め
る編集会議で、売り込むためのプレゼンをしてください。

というパフォーマンス課題を提示する。グループ（座席で決定、４～５人の10グループ）
でプレゼンテーションの資料をパワーポイントで作成する。その際、解決できていない
上記の読み深める視点２、３、４に沿ってあげた問いも確認しながら、作業を進める。
また、参考資料として、『大鏡』『栄花物語』の抜粋（本文・口語訳）を提示する。

　**第４～６時　**発表する。１グループのプレゼンの時間は５分と指示。【本時は2/3】各
　　　　　　　グループのプレゼン資料は印刷して配布する。ルーブリック評価表を配布
　　　　　　　し、相互評価・自己評価をする。単元全体を踏まえてリフレクション・シー
　　　　　　　トで自己評価する。

ルーブリック評価表

	伝える内容について	表現について
A	本文の異なった箇所や他の資料を取り上げて、根拠を持って「花山天皇の出家」の魅力を人に伝えている。	わかりやすく効果的に表現している。
B	本文を何カ所か取り上げて「花山天皇の出家」の魅力を人に伝えているが、根拠が薄い。	聞く者が興味を持つように表現されている。
C	本文の１か所を取り上げて「花山天皇の出家」の魅力を伝えているが、根拠が薄い。	視覚的に凝るあまりに、内容が吟味された表現になっていない。

❸本時の授業過程

学習活動	指導上の留意点	評価規準
1　学習目標を確認する。	本時の学習の流れを伝える。印刷したプレゼン資料を配付する。ルーブリック評価表を配布する。 発表がすぐできるように、発表班は最前列中央に座る。	
2　1グループめの発表。質疑応答をする。	発表後、グループで相談して質問や意見をあげる。質疑応答の上で課題として残ったら、板書しておく。ルーブリック評価表に記入する。	発表班はわかりやすく発表しているか。他の生徒はそれを受け止めているか。
3　2グループめの発表。質疑応答をする。	発表後、グループで相談して質問や意見をあげる。質疑応答の上で課題として残ったら、板書しておく。ルーブリック評価表に記入する。	発表班はわかりやすく発表しているか。他の生徒はそれを受け止めているか。
4　3グループめの発表。質疑応答をする。	発表後、グループで相談して質問や意見をあげる。質疑応答の上で課題として残ったら、板書しておく。ルーブリック評価表に記入する。	発表班はわかりやすく発表しているか。他の生徒はそれを受け止めているか。
5　まとめを聞く。	本時のまとめを述べる。ルーブリック評価表を回収する。	

❹リフレクション・シート

古典作品を解釈し、評価する　「花山天皇の出家」（大鏡）

Ⅱ年5組（　　）番　名前（　　　　　　　　　　　）

■自己評価　あてはまる項目に○

	よくできた	まあできた	あまりできなかった
①「花山天皇の出家」の構成や展開の仕方について理解を深めた。			
②書き手の考えや目的、意図を捉えて内容を解釈することができた。			
③文章の構成や展開、表現の特色について評価することができた。			
④グループ内でいろいろな材料を整理・検討し、プレゼン作成に取り組めた。			

■授業全体を振り返っての感想

❺第二次の板書と問い（生徒から、指導者からの問い）

【板書①】

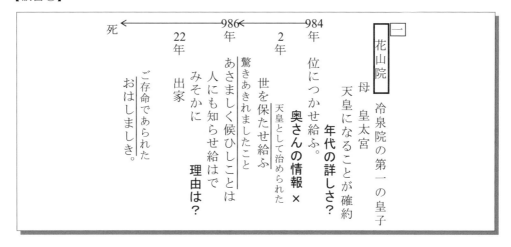

【問い】

①なぜ在位2年で出家したのか。

②秘かに出家したのはなぜか。

③奥さんの情報がないのはなぜか。

④父や母の情報がくわしいのは、何のためか。

⑤年代が詳しく書かれているのはなぜか。

⑥出家後の22年間はどのように生きたのか。

【板書②】

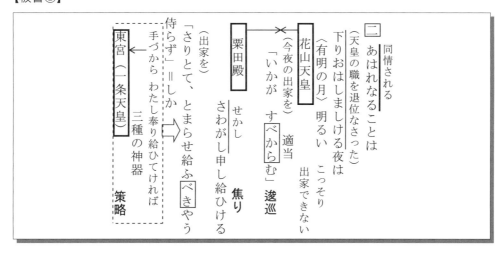

【問い】

①「あはれなること」は誰の感想で、どう訳すとよいか。

②花山天皇が、有明の月が明るいのに対し、今夜の出家をどうしようとなぜ言っている
　のか。

③粟田殿がせかしたのはなぜか。

④三種の神器などをそもそも部下が自ら東宮に渡せたりするのか。

【板書③】

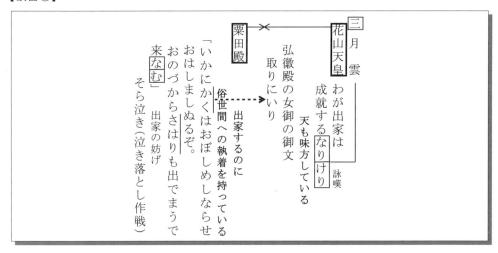

【問い】

①月にむら雲がかかったのを見て、なぜ出家が成就するのだと詠嘆したのか。

②「かく」の内容は何か。

③「さはり」とは何か。

④「なむ」の品詞分解をする。

⑤弘徽殿の女御の手紙を取りに戻る事がなぜいけないのか。

⑥そら泣きをしたのはなぜか。

【板書④】

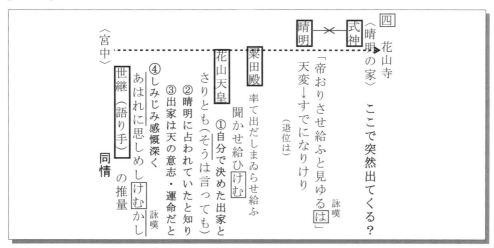

【問い】

①安部晴明がなぜここで突然出てくるのか。晴明の役割は何か。

②「率て出だしまゐらせ給ふ」の主語は誰か。

③「さりとも」は「そうは言っても」と訳せる。「そう」は何を指すのか。

④ここでの「あはれに」はどう訳すのがよいか。

⑤花山天皇がしみじみ感慨深く思うまでに、どのようなことがらが入るか。

⑥語り手である世継は、どんな思いでいるのか。

⑦晴明は何をいまさら宮中に報告しに行くのか。すでに花山天皇は宮中を出て、出家をするために目の前を通っているのに。

【板書⑤】

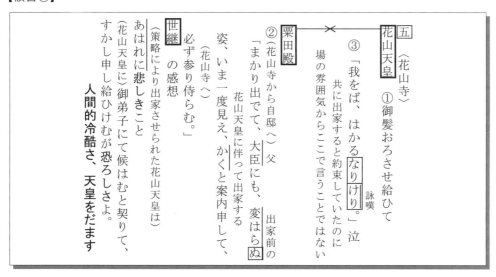

【問い】

① 「まかり出でて」とはどこからどこか。

② 「変はらぬ姿」とは何か。

③ 「かく」の指す内容は何か。

④ 「あはれに」とは何に対してなのか。

⑤ 「恐ろしさ」とはどんなことなのか。

【板書⑥】

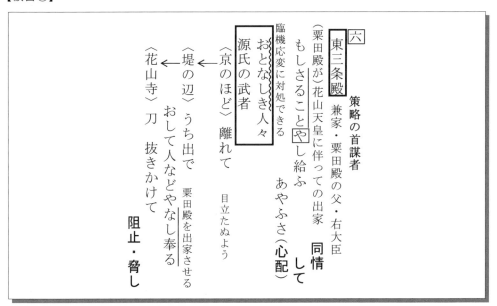

【問い】

① 「さること」とは何を指すか。

② 「おとなしき人」「源氏の武者」たちの役割は何か。

③ 「なし奉る」とは何をすることか。

④ 「東三条殿」がここで出てくる意味は。

❻反省と課題

　パフォーマンス課題を用意したり、プレゼン資料を作成させたりと、活動的な授業展開を考えたが、一番の反省は本文の深い読み込みがなされなかったことにある。各人の「読み深める視点」で出た問いを大切にして、そこから本文を追究していくはずだったのに、生徒の意識がそこへ向かっておらず、視覚的な効果をねらったパワーポイント作成に重点が置かれたことである。生徒は楽しんで活動できたが、読み深められたかとい

うと疑問が残る実践となった。

　アマゾンでは社員に対しパワーポイントでのプレゼンを禁止し、ワードでの文書報告を義務付けているらしい。視覚的に印象付けることを狙って、内容がおろそかになることを危惧してのことであるという。文章での発表という基本に立ち戻ってもよいかもしれない。

おわりに

　今まで読んだ国語教育に関する文献で、私のバイブルと言えるものがある。

　森田信義先生の『筆者の工夫を評価する説明的文章の指導（授業への挑戦）』である。今では絶版となっているものだが、文章に無駄が一切なく、読んだ内容をすべて身につけたいと思われるほど、強い衝撃を受けた。いつかこんな文章を書いてみたいものだとその時は思ったが、なかなかその域には達しないものである。

　在職のまま行った大学院で初めて直に先生から教えていただき、著書もいただいたり、ご自宅まで伺ったりしたこともある。森田先生に是非見ていただきたい本となったであろうか。

　渓水社の木村社長さん、木村斉子さんには大変お世話になった。校正の細かさは大変ありがたかった。書面を借りてお礼としたい。

　なお、表紙はtoko.design　あおきさとこさんが描いてくれた。教科書から出てきたモチーフは見つけられただろうか。「構造図」から本の内容と積み木のイメージをリンクさせて描いてくれ、至る所に芽が生えているのは、この本を読むことでステップアップできる（最後には花を咲かせましょう）というメッセージが入っているらしい。心憎い演出である。是非味わっていただければ幸いである。

2022年12月25日　クリスマスの日に

索　引

著者

三根　直美（みね　なおみ）

　愛媛県生まれ。1986年、広島大学教育学部教科教育学科国語教育学専修卒業後、県立の高等学校に勤務。1989年から広島大学附属中・高等学校に勤務。現職のまま、2004年広島大学大学院教育学研究科言語文化教育学（国語文化）専攻博士課程前期に入学し、2006に修了。2007年より、現在まで比治山大学・短期大学非常勤講師を兼任。

論文

「文学の『読み』に関する実践的研究―自己と関わらせることを通して―」（平成17年度修士論文）

「文学作品の読みの研究－『少年の日の思い出』（ヘルマン・ヘッセ）の場合－」『中等教育研究紀要』第57号（広島大学附属中・高等学校、2010年）

「文学作品における読みの探求：『形』（菊池寛）の場合」『中等教育研究紀要』第62号（広島大学附属中・高等学校、2015年）

「和歌の特徴を考慮した系統的なアプローチの一試案」『中等教育研究紀要』第63号（広島大学附属中・高等学校、2016年）

「『書くこと』と『読むこと』を組み合わせた実践－『オオカミを見る目』を使って－」『国語科研究紀要』第51号（広島大学附属中・高等学校国語科、2020年）

「『論理国語』における言語活動を取り入れた授業提案－『「である」ことと「する」こと』（丸山真男）の場合－」『中等教育研究紀要』第67号（広島大学附属中・高等学校、2021年）など。

共著

『学習指導書「読むこと」学習材の研究，現代の国語』（三省堂、2001年）

『学習指導書「読むこと」学習材の研究，現代の国語』（三省堂、2006年）

『シリーズ国語授業づくり　中学校古典　言語文化に親しむ』（東洋館出版、2018年）

『学習指導書，現代の国語』（三省堂、2022年）

表紙　toko.design　あおきさとこ

構造図からはじめる国語科授業デザイン

令和5（2023）年2月10日　発行

著　者　三根　直美
発行所　株式会社溪水社
　　　　広島市中区小町1－4
　　　　電話082-246-7909　FAX082-246-7876
　　　　e-mail: contact@keisui.co.jp
　　　　URL: www.keisui.co.jp

ISBN978-4-86327-603-1 C3081